心理療法の未来

その自己展開と終焉について

田中康裕

創元社

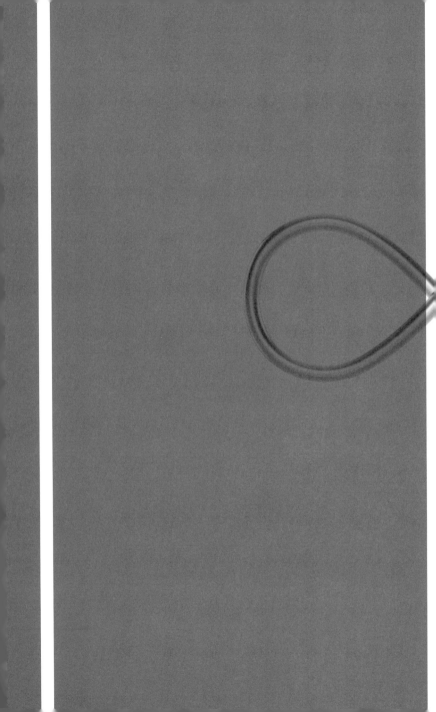

はじめに

本書は、心理療法の「未来なき未来」について論ずるものである。

近代における心理療法の始祖とも位置づけうるフロイト（Freud, S, 1856-1939）が、ウィーンでヒステリー患者に対する自由連想を用いた精神分析療法を始めてから、すでに百年以上の歳月が流れ、この間、心理療法に関する様々な学派や理論がある意味華々しく林立してきた。しかし今ここに至り、心理療法の歴史を顧みる時、その現在や未来について明るい展望を抱くことはもはや難しい。一九六〇年代から七〇年代にかけてカーンバーグ（Kernberg, O.F, 1928-）が「人格構造論[1]」を発表して以降、特に力動的、あるいは分析的心理療法の分野では革新的な成果や発見はほとんどなく、それればかりか、本書でこの後ふれるように、北米や西欧では（そして今や日本でも）、そのような心理療法それ自体が、もはや成立しがたい状況が生まれているからだ。

そこにはむろん、保険や法律といった外的な枠組みや制度が心理療法の内側に侵入してくるといった事態や、一九八〇年代以降、そのような社会の側からの要請に応えるかのような形で心理療法の世界にも起こった「エヴィデンス・ベースト（evidence-based）」という運動の影響もあるだろう。しかしながら、今述べたような動向の申し子とも言える「認知行動療法」もまた、十九世紀末に始まった心理療法というプロジェクトの一つの自己展開と捉えるなら、今、心理療法の内側には、自身を自身によって棄却する、あるいは埋葬する動きが起こっているという見方もできるように思える。

本書では、人類の精神の歴史において、このような心理療法というプロジェクトが自己を展開してきたプロセスを明らかにし、現在われわれはそのプロセスのなかのいったいどこにいるのか、ということを、暫定的であるにせよ、見定めたいと思う。

実験心理学の父と謳われるヴント（Wundt, W, 1832-1920）がライプツィヒ大学に心理学の実験室を開設したのは一八七九年のことであり、以来、心理学という学問領域には、生理心理学、知覚心理学、認知心理学、学習心理学、社会心理学、発達心理学等の様々なブランチが生まれた（心理療法がその学問的基盤の一つとする臨床心理学もその一つである）。「二十世紀は心理学の世紀である」という言葉はよく知られているが、二十世紀末を経て二十一世紀に入った今、われわれ心理学者が自ら思うのは、「二十一世紀は間違いなく、心理学の世紀ではない」ということであろう。筆者のよく知る生理心理学者は、もう二十五年以上も前から、「臨床心理学は別にして、生理心理学や認知心理学は脳神経科学に吸収されて、心理学という学問は近い将来になくなるだろう」と述べていたが、「臨床心理学は別」であるとは、筆者には到底思えない。

今日の心理学を取り巻く学問的状況を一瞥するだけでも、人間のこころや意識に関する研究の主たるフィールドはもはや、心理学ではありえず、脳科学であることは、誰の目にも明らかであろうし、先にふれたような力動的・分析的心理療法を標榜する学派の国際学会や学会誌においてさえも、近年の脳科学の知見と従来の精神分析理論との照合を試みた研究が多数見られるというのが現状である（例えば、ミラーニューロンによる転移現象の説明等）。

また、今日取り沙汰されることの多い発達障害に関して言えば、ＩＣＤ―10の「心理的発達障害」の序論で、その共通点として「中枢神経系の生物学的成熟に深く関係した機能発達の障害あるいは遅滞であること」[2]が挙げられていることからもわかるように、「中枢神経系の障害」「脳機能の障害」であることが強調され、あらゆる問題が再び「脳」に還元されようとしている。そして、そのような状況のなかで、発達障害の心理学はもっぱら、発達障害の「脳神話」ならぬ「脳科学」に取って代わられ、専門書のみならず一般書を通しても多くの興味深い研究が紹介される今日であるが[3][4]、その一方で、純粋にその心理療法を論じた研究はほとんど見当たらず、またそのような研究が実現するためのスペース自体、想定されてもいないかのようである。

このような現状のなか、われわれはいかにして「心理療法の未来」を、あるいは、どのような「心理療法の未来」を思い描くことができるのだろうか。

本書では、主としてユング（Jung, C. G., 1875-1961）が創始した心理学（ユング心理学）の立場から、心理療法が生まれた「近代」という時代の特殊性、あるいはそれが孕む歴史性に焦点を当てながら、「現代」という時代の特徴を素描することで、そのような問いに対する答えの在るべき様を模索していきたい。

まず序章では、「近代（モダン）の意識」と不可分に結びついている心理療法が前提としていることろの「基部構造」を明らかにし、それが成立しえないポストモダンの時代における「今日の心理療法の在り方」について概説する。これはいわば、本書のこの後の議論の基盤に当たる章である。

第Ⅰ部の三つの章では、ユングが『自伝』で報告した三つの夢を通して、心理療法と「近代」という時代とのかかわりを論じる。また、第Ⅱ部は、「心理療法における『近代』と『前近代』」と題した。心理療法それ自体がもつ方法論としての「前近代」と、第Ⅰ部で述べたそれが現実に生きる時代としての「近代」とのかかわりについて論じ、そのような心理療法に内包されている「論理」や、その本質としての〈非治療性〉について考察する。さらに、第Ⅲ部では、自らの「対象」によってその在り方を改訂されてきた心理療法の歴史を踏まえて、一九九〇年代から今日に至るまで取り沙汰されることの多い「解離性障害」や「発達障害」がどのように心理療法を変えてきたのかを、心理療法と「現代の意識」とのかかわりという観点から論じる。

これらの論考を通して、終章において筆者は「心理療法の終焉」を語るわけだが、言うまでもなく、それは字義通り「終焉」を意味するわけではなく、そのような「行き止まり（dead end）」に身をもって参入することによってだけ見出されうる「開け」を見据えようとするものである。

補章として付された「心理療法家に求められるもの――カフカの『掟の門』をめぐって」は、第Ⅰ部から第Ⅲ部に収められた九つの章において語られた「心理療法」を実践する者としての

「心理療法家」にわれわれはいかにしてなりうるか、いかにすればそうであり続けられるかについての試論であり、一つの実践的な「着地点」とも言えるだろう。

（1）カーンバーグの「人格構造論」については、第7章を参照のこと。
（2）WHO（融道男他訳）『ICD―10 精神および行動の障害――臨床記述と診断ガイドライン』医学書院、一九九三年、二四一頁。
（3）榊原洋一『脳科学と発達障害――ここまでわかったそのメカニズム』中央法規、二〇〇七年。
（4）大隅典子『脳からみた自閉症――「障害」と「個性」のあいだ』講談社、二〇一六年。

〈目次〉

第Ⅱ部　心理療法における「近代」と「前近代」

補章　心理療法家に求められるもの――カフカの『掟の門』をめぐって……271

序章

今日の心理療法の在り方

1　精神分析による「治療」概念の越境

エレンベルガー（Ellenberger, H. F.）が『無意識の発見』（一九七〇年）[1]で詳細に論じたように、近代以前の呪術やシャーマニズムにおける治療は、西欧近代に生まれた心理療法と多くの共通点を有していた（これについては、第4章で詳しく論じたい）。

そのような共通点をもって、それらを心理療法の「遠い祖先」と見なすことは確かに可能だが、他方で心理療法の始まりについて問われた時、それはやはり、十九世紀末にフロイト（Freud, S.）がウィーンで始めた、自由連想を用いたヒステリー患者を対象とした精神分析療法であることに異を唱える者は少ないだろう。

そのフロイトは、晩年を代表する論文「終わりある分析と終わりなき分析」（一九三七年）のなかで、分析（本書で言えば、心理療法）を終えるに際して満たされるべき二つの条件について、以下のように述べている。

その第一は、患者がもはや症状に悩まされなくなり、不安や制止症状を克服しえた時であり、第二は、当該の病的過程が今後再発する可能性をもはや恐れる必要がなくなる程度にまで、抑圧されていたものが患者に意識され、理解不能であったものが解明され、内的抵抗が取り除かれたと分析家が判断した時である。(2)

これら二つの条件は、近代の身体医学が依拠する治療観に照らせば、至極もっともであるようにも思えるが、こころの問題やその治療に関する限り、事はそう単純ではない。なぜなら、フロイト自身ここではひとまずこのように述べてはいるが、精神分析という営みはその始まりから、以下に示すような意味で、近代の身体医学のそれとはまったく異なる地平に身を置くものであったからだ。

このことは、催眠から前額法、さらには自由連想へと至るフロイトの治療技法の変遷にもよく表れており、精神分析にもユング心理学にも精通したイギリス人の精神科医ストー（Storr, A.）は、これらの治療技法の変遷がもたらした根本的な変化として、分析家が従来の医師よりも受動的な役割をとり、それに対応して患者はかなりの程度自立的であることが求められるようになった、ということを挙げている。すなわち、分析の経験を通して、患者は、分析家の側からの直接的な助言や指示を期待するのではなく、自分自身を理解する方法としての精神分析を用いることを学ぶよう求められるということであり、「そこで得られた新たな洞察によって、次には自身の問題を自ら解決することを期待されるのである」[3]（傍点筆者）。

もしそうであれば、患者にとって分析家の存在や精神分析のセッションがもはや必要なくなったとしても、精神分析という装置は、患者のなかに埋め込まれ、生涯にわたって時に応じて作動し続けるものでなければならないわけで、その意味において分析が終わるということはない。事実、フロイトは同じ論文のなかで分析家候補生が受ける「教育分析」について、「教育分析が与えた刺激はそれが終了後もやむことはなく、自我を変革する過程は被分析者のなかで自発的に継続されるのであり、またその後の経験がすべて、この新しく獲得された感覚において用いられるようわれわれは期待するのである」[4]と述べ、さらに、すべての分析家が定期的にそのような教育分析を受け直す必要についてふれ、「これはつまり、患者の治療分析ばかりでなく、教育分析もやはり終わりのあるものではなく、終わりなき無限の課題となることを意味している」[5]（傍点筆者）とも述べている。

フロイトはむろん、冒頭に引用した「二つの条件」も併せて、分析の終了が実際上の問題であることは認めていて、「分析の仕事は自我機能にとって最もふさわしい心理的諸条件を保障することであり、それをもって分析の任務は完了する」[6]とも定義しているのだが、精神分析はむしろ、先に述べたような分析がもつ「終わりなき無限の課題」という側面によって自分自身となりえた、すなわち、従来の医学における「治療」の枠組みを踏み越えることができたように筆者には思える。また、このような精神分析の在り方は、後の多くの心理療法の学派に影響を与え、その意味で、therapyをその名に含む心理療法を狭義の「治療」概念から解放する役割をも担っていたと言えるだろう。

2　ユング心理学における「個性化の過程」の概念

このような精神分析による「越境」、あるいは心理療法の狭義の「治療」概念からの解放は、西欧近代における心理療法の本質と深くかかわっている。そして、このことをいち早く（おそらくはフロイトよりも早く）より明確に意識していたのが、ユング（Jung, C. G.）だった。

ユングは、一九〇九年に大学病院を辞めた後、重篤な精神病の患者を診ることをほとんどしなくなり、自らのプラクシスで一見したところ適応に問題がない社会的地位の高い人たちやその家族の分析を多く引き受けるようになった。このような対象とする患者の変化に加えて、当時の第一次世界大戦を前にした世界全体に渦巻く不安とも同期する形で自身に降りかかった心的危機の体験を経ることで、ユングの心理療法の実践はある決定的な変化を遂げる。力動精神医学史の研究者であり、ユングの『赤の書』の編者でもあるシャムダサーニ（Shamdasani, S.）が述べるように、ユングにとって「心理療法はもはや単に病者の治療だけにかかわるものではなく、健常者のためのより高度な人格発達の一手段となった」[7]のである。

そして、その当然の帰結とも言えるのだろうが、ユングの関心は、そのような分析や心理療法を受けた個人がそれを終えた後、どのような人格発達を遂げるのか、一対一の治療関係ではなく集団のなかでどのように振る舞うようになるのか、ということにまで拡大してゆく。シャムダサーニによれば、彼自身がそのことを見届けるため、以前の患者たちの要望に応える形で、これまた以前の患者の一人であるエディス・ロックフェラー―マコーミック（Rockefeller-McCormick, E.）女史の資金援助を得て一九一六年に創設したのが、「チューリッヒ心理学クラブ」であった。

このクラブはいわば、分析家も患者も含めて分析を受けた経験のある人たちのために意図的に設えられた、レクチュアからパーティーまで行われる「社交の場」であった。ユングは、同僚メーダー（Maeder, A.）に宛てた一九一八年頃の手紙のなかで「実験は行われなければならない」と、上記のような自身が抱いている拡大した疑問を、クラブでの活動（＝実験）を通して解明することへの強い決意を示している。[8]

また、同じ著書のなかでシャムダサーニが、ユングの「タイプ論」は、このクラブでの実験と観察の結果から生まれたものであると述べている点は注目に値する。この「タイプ論」にしても、ユング派心理療法の中核と見なされることの多い「個性化の過程」という概念にしても、その背景にあるのは、人間は生涯にわたって心理的に発達し変容していくという思想であるからだ。

このような意味においても、分析や心理療法はあくまで、そのような「個性化の過程」の途上にある個人の心理的変容を生涯にわたって促進する一つの手段であり、「ある問題が解決したから」「ある症状がなくなったから」ということだけを根拠にその終結が云々されるようなものではない。先述のように、身体医学と違って、心理療法は最初から、ある地点に「始まり」があってまた別の地点に「終わり」があるような線形的な地平には身を置いていない。心理療法が開かれているのはあくまで、「始まり」が「終わり」であり、「終わり」が「始まり」であるようなウロボロス的な地平であり、その意味では（心理学的に言えば）、心理療法は、終わることはできず、始まることしかできないのである。

3　神経症による新しいこころの「治療《セラピー》」の創造

そのようなユングが「今日の心理療法の在り方」という論文を発表したのは、一九三四年のことである。

この論文には、従来の医学的な意味での治療とは根本的に異なり、単に「技法」であるにとどまらない、「受苦する個人の全体性」[9]に向き合おうとする、新しいこころの「治療《セラピー》」としての心理療法の在り方が示されている。そこで想定されていた主たる対象は〝神経症〟である。

ユング以前、フロイトだけでなく、シャルコー（Charcot, J-M.）、ジャネ（Janet, P.）までも含めれば、神経症は確かに、十九世紀後半から始まった「力動精神医学」や「分析的心理療法」という新しいこころの「治療《セラピー》」の最も古い「対象」であった。

しかしながら、厳密に言えば、神経症は心理療法の単なる「対象」ではない。すなわち、それは実体化された「もの」的なobjectではなく、あくまでもsubjectであり、その意味において心理療法の「主題」「問題」「対象」「被験体」であり、そして同時に「主体」でもあったと言えるだろう[10]。

周知の通り、シャルコーを代表とするサルペトリエール学派が催眠をヒステリー患者に特有の現象としたのに対して、それに異を唱えたリエボー（Liebault, A. A.）やベルネーム（Bernheim, H. M.）を代表とするナンシー学派は、それを万人に見られる現象であるとし、最終的には催眠は単なる暗示であるという見解に至った。催眠現象の生理学から心理学への転換である。

同じように、フロイトは、神経症の病因として「性的外傷」を最初想定していたが、実際にヒステリー患者との治療経験を重ねていくなかで、患者によってあたかも動かしようのない事実として語られる幼少期の「性的外傷」体験が、実は多くの場合、彼ら自身のファンタジーによって生み出されているということに気づき、「物的現実」に対立する「心的現実」の重視という立場を打ち出した[11]。ある見方をすれば、このことによってフロイトは、幼少期に「性的外傷」体験をもつ特別な人だけでなく、万人に対して神経症になりうる可能性を切り開いたとも言えるだろう。

また、歴史を遡れば、神経症というのは最初、その言葉が示す通り、「神経」の障害を指す概念であった。しかしながら、その後の病理解剖学の発達や臨床的な知見の積み重ねにより、神経症患者は、彼らが実際に呈する症状に対応する機能的、あるいは、器質的な障害をもっているわけではなく、その意味では何の障害も抱えていない、ということが明らかになる。ここに至り、臨床医たちは、一見すると「何の障害も抱えていない」かのように見える患者の症状や疾患の背景に存在する要因＝「病因」として、「心因」、すなわち、こころと呼ばれる目に見えない領域に何らかの問題が存在していることを想定せざるをえなくなったのである。

近代精神医学の父と呼ばれるクレペリン（Kraepelin, E.）が、その精神障害の分類のなかに「疾病ではない精神障害」を掲げ、「知能の異常」「性格の異常」「反応の異常」を挙げたことは確かによく知られた事実ではあるが、実際にこのような「心因」性の障害、すなわち、神経症（クレペリンの分類では、「反応の異常」に含まれる）の治療に取り組みその理論化にかかわった人々は、シャルコーやフロイトに代表されるように、精神科医ではなく神経科医であった。このこともまた、上記の「神経の障害」としての神経症という概念の始まりを考慮に入れれば、一方では当然のことであると言えるし、他方では特筆すべきことであると言えるのだろう。

このように、神経症は元来、精神医学の「対象」ではなかった。そして、そのような神経症をその「対象」としない、エレンベルガーが言うところの「力動精神医学」以前の伝統的な精神医学においては、ユングが述べるように、「精神疾患患者の心理学は何の役割も果たしていなかったのである」[12]（傍点筆者）。

その意味で、「心因」性の精神障害としての神経症はそれ自体として、心理学に固有の「対象」であった。このことは、「二十世紀は心理学の世紀である」という言葉にもよく示されている。フロイトは世紀をまたいで、『夢判断』（一九〇〇年）と『日常生活の精神病理』（一九〇一年）という二つの記念碑的な著作を出版したが、これらの著作に共通するのは、夢や言い間違い、度忘れ等、日常誰もが体験する事象の背景に「無意識」という心的過程を見て取ろうとする姿勢であり、このようなフロイトの姿勢は、『精神分析入門』（一九一七年）で神経症の症状について論じる際にも保持されている。すなわち、「ある一つの症状に出くわす時には常に、その症状の意味を内包する特定の無意識的な過程がその患者のなかには存在していることをわれわれは推測しうる」[13]のである。

まさにここに述べられている意味で、心理学とはもっぱら深層心理学を指す用語であり、ある事象に内包されている／隠されている「意味」を、「心的過程」を読み解いていく営みであった。そしてまた、既述の通り、このような営みは、ヒステリーという神経症の治療から始まった。

これらの事実や、本節の冒頭でふれたナンシー学派の催眠に関する見解（生理学から心理学へ）やフロイトの神経症理論、さらには先に述べた神経症概念の変遷に鑑みれば、神経症は、先に述べたような心理学に固有の「対象」であるだけでなく、それ自体としてそのような背景に存在して目に見えない「こころ」という領域に関する学問としての心理学を創造し、心理療法という新しいこころの「治療《セラピー》」を可能にしたとも言えるのだろう。

このような心理療法とその対象とがウロボリックに循環する関係や、それによる自己展開については、本書全編を通じて、とりわけ第Ⅲ部において詳しく論じられる。

4 心理療法の「基部構造」としての「自己関係」「自己意識」

改めて言うまでもないことかもしれないが、前節で心理学それ自体を創造し、心理療法という新しいこころの「治療《セラピー》」を可能にした「主体」として位置づけられた神経症には、いわゆる「技法」、あるいは「療法」を直接的に適用して治すべき「実体」や「実質」は存在しない。そこで問題となっているのは常に、患者自身の「自己関係」や「自己意識」といったこころの在り様である（後にも述べるように、その意味で、神経症は極めて心理学的である）。

だからこそ、ユングは先にもふれた「今日の心理療法の在り方」という論文で「神経症はその患者のこころを、少なくともその本質を内に孕んでいる」[14]、あるいは「神経症は、神経症が自我の間違った態度を片づけた時にのみ、真に除去される」[15]と述べたのだろう。

このような意味で、神経症は、それを患う個人とは決して切り離しえないものであり、言葉を換えれば、それは、そのような個人の「全体性」の内側で起こる自己疎外や自己矛盾であるとも言える。ある時には、そのような自己疎外や自己矛盾を覆い隠すべく自己肥大が起こり、ある時には、そのような自らに対して自己嫌悪や罪悪感が生じ、結果として抑うつ感が強まることもある。さらには、そのような自己疎外に由来する不安を何とか押し込めるべく強迫性が発現することもあるし、ある時には、自らが自らに背いているという受け入れがたい内的現実を遠ざけるべく離人感が生じたりもする。

ただし、このような神経症者の「自己関係」や「自己意識」の在り方は、単に病的なものであると見なすべきではなく、先にも述べた「心理学の世紀」と言われた二十世紀における「近代の意識」の特徴を端的に表現する〝カリカチュア〟でもあった。

第2章で詳しく論じるが、「近代の意識」の特徴は、自らを反省する意識であることであり、その意味で、それは「自己関係」の意識、「自己意識」である。このことは、十九世紀半ばに生まれた心理学が最初に採用した方法論が、そこにある種の「意識」の実体化があったことは事実であるが、自己観察や内観法と呼ばれるものであったことにもよく示されている。つまり、心理学は元来、そのような「自己関係」「自己意識」に関する学問であり、この文脈で言えば、(治療的)心理学には、純然たる「他者」は存在しない。「あるいは、そこに存在する他者は、魂自身の他者、それ自身の内なる他者であり、他者としての自分自身なのである[16]」。

そのような「近代の意識」の〝カリカチュア〟としての神経症は、先にもふれたように、「それを患う個人とは決して切り離しえない」という意味で、患者にとって「自己としての他者」であり、同時に「他者としての自己」であった。この点について、ユングは、以下のように述べる。

> 患者は、自らの神経症を除去することではなく、いかにしてそれを保持するかを学ばねばならない。彼の病は、謂れのない、それゆえ、意味のない重荷なのではない。それは彼自身（の自己）であり、子どもじみた怠慢や恐怖から、あるいは何か他の理由で、彼が常に自らの人生から排除しようとしていた「他者」なのだ。[17]

心理療法において必要なのは、神経症を「病」として排除すること、すなわち、神経症という「病」を単に治そうとすることではなく、それが患者のこころの本質を孕んだものであることを認め、その「神経症が自我の間違った態度を片づける」のを待つことである。ユングが述べるように、「われわれが神経症を治すのではない。神経症がわれわれを治すのだ。人は病むが、その病はその人を癒す自然の試みでもある」[18]からだ。

そして、そのような神経症の心理療法の場における治療者もまた、患者にとって「自己としての他者」であり、同時に「他者としての自己」であった。

このことは、「転移」という概念にもよく示されている。つまり、患者は、「自己としての他者」である治療者に自らの内にあって未だ名づけえぬ〝混沌の塊〟を投げ込み、治療者は自らの身をもってその投げ込まれたものの「器」になろうとする。そのような「器」（錬金術的な意味で〝透明性〟をもったレトルト）が提供されるからこそ、患者はそれを覗き込むことができ、その内側にこれまで自らが想像もしなかった（あるいは、想像はしていたが見たくなかった）「他者としての自己」の姿を見出しうる。そこに生じるのが「内省（reflection）」である。だからこそ、ユングは、患者と治療者という「二つの心的体系の間で繰り広げられる議論、すなわち、二人の人間が自らの全体性をもって互いに対峙すること」[19]を心理療法において重視したのだ。

ここに述べてきたことを裏返して考えれば、患者の心的過程にこのような「自己としての他者」や「他者としての自己」が介在しうること、すなわち、たとえそれが歪んだものであっても「自己関係」が成立し、曲がりなりにも「自己意識」をもちうることは、心理療法を可能にする「インフラ・ストラクチュア（基部構造）」であったと言えるだろう。[20]

5　今日における「サイコロジカル・インフラ」の消失

ユングがこの「今日の心理療法の在り方」という論文を書いた一九三四年から八十年以上の歳月が流れ、「心理学の世紀」と呼ばれた二十世紀が終わった今日、前節末に述べたような心理療法が実現するための「インフラ・ストラクチュア」、すなわち、「サイコロジカル・インフラ」は未だ存在しているのだろうか。

第7章で詳しく論じるが、心理療法は、その歴史が示す通り、その時々の「時代精神の病」とでも呼ぶべきものによって、すなわち、自らの「対象」によって基礎づけられ、そしてその後改訂されてきた。先に論じたような神経症としての「ヒステリー」がつくった精神分析の理論的・

実践的基礎は、一九三〇―五〇年代の「境界例」によって改変を余儀なくされ、そして、一九八〇年代、そのような改変に対する耐性をもった変異として登場したのが、「多重人格障害」（後の「解離性同一性障害」）である。

ある見方をすれば、このことは、カーンバーグ（Kernberg, O.F.）の「人格構造論」[21]によって、その治療における焦点を「症状」から「人格」に移した精神分析が、文字通り「人格がたくさん」ある「多重人格」によって無効化されたことを示しているように思われる。[22]

そして、二十一世紀に入り、注目を浴びるようになったのが、「発達障害」である。「多重人格」の「人格がたくさん」を模して言えば、「発達障害」の特徴は、従来的な意味での（あるいは、定型発達ベースで考えられていたような）「人格がない」ということになるだろう。[23]

近年多くの研究者が「発達障害」の心的特徴として指摘してきた「主体の欠如」[24]「中枢性統合の弱さ」[25]「執行機能の障害」[26][27]「自他未分」[28]等々は、このような特徴を言い表そうとしたものであろうし、[29]古くは、今日の用語で言えば、彼らの「自己感の非定型性」[30]として捉えうるカナー（Kanner, L.）の「自己欠損」[31]やアスペルガー（Asperger, H.）の「自己の障害と脆弱性」[32]、さらにはルッツ（Lutz, J.）の「自己意識、自己関連活動、自己知覚の障害」[33]とも深くかかわっていることは言うまでもない。

これら「解離性障害」と「発達障害」はそれぞれ、第4章や第7章、第8章で論じるように、十九世紀末に分岐した「精神の病」をめぐる「無意識」をブラックボックスとした「解離」系列と「脳」をブラックボックスとした「発達障害」系列という二つの系列に属している。ただ、それぞれ系列の別はあるにせよ、従来の心理療法が当たり前のものとしていた「人格」「主体性」「内面性」といった前提をもはや想定しえないという点で、これら二つの「障害」は、一つのスペクトラムを形成しているとも言えるだろう。そこに通底しているのが、「サイコロジカル・インフラ」の消失という事態である。

そこでは、「自己としての他者」や「他者としての自己」という心的過程は介在しがたく、「自己」と「他者」は未分化で区分されないまま、かつ根本的に断絶している。第9章では、このようなこころの在り方を、現代における「ユビキタスな自己意識」として論じるが、それは、「放射型人間」と「格子型人間」という類型を挙げ、現代は、自閉症スペクトラム障害をその極とする、中心をもたないタッチパネル型の「格子型人間」の時代であると広沢正孝[34]が述べていたり、絶対的な他者に脅かされる統合失調症とはまったく異なる、他者不在という自閉症こそが現代を代表する精神病理であると内海健[35]が主張していたりすることとも重なるところがあるのだろう。

6　二十一世紀における「今日の心理療法の在り方」

前節までに述べたように、西欧近代に生まれた心理療法は、「時代精神の病」としての「神経症」をその対象とすることから始まったものであり、ある個人が自らの「神経症」が内側に孕む、自らの本質としての歪んだ「自己関係」や「自己意識」を見つめ直す「作業」を意味していた。

しかしながら、そのような心理療法を可能にしていた「インフラ」は、前節で述べたように、集合的なレベルではもはや消失しつつあり、われわれ心理療法家は今日、心理療法の新しい在り方を、そして新しい時代における人間観を模索しなければならない。

このことを考える上で、精神科医の十一元三が、「発達障害」における「対人性」について述べている事柄は示唆的である。


〔「発達障害」における「対人性」は〕生物学的次元における人への本能的相互反応性を指していて、この反応性の生得的な低下のため、対人反応・集団行動にとどまらず、反射的および意識的動作、言語使用、興味や関心から外界認知に至るまで定型発達者と異なるユニークな様式が出現する。[36]（括弧内筆者）

ここからわかるのは、日本人の心性と密接な関係があるとして、一九六〇―七〇年代に盛んに論じられた対人恐怖という「神経症」は、この引用にあるような「人への本能的相互反応性」が成立した上での「人づき合い」や「自意識」の問題、すなわち、心理学的次元の出来事であったのに対し、「発達障害」はまったくそうではない、ということである。

心理療法もまた、一つの、そしてある意味で複雑な対人関係である以上、その心的過程に「サイコロジカル・インフラ」を想定しえない事例にいかにして向き合うかは、「今日の心理療法の在り方」を論じる際、極めて重要な問題であろう。そこではおそらく、「無意識の意識化」「無意識の意識による同化」、さらには、「全体性の確立」や「自己実現」といった従来的な意味での「個性化」はもはや、心理療法の目的とはなりえない。

その具体的な在り方については主として、第8章と第9章で述べることになるが、そのような議論の基盤として、そもそも心理療法とはどのような歴史的背景から、どのような必要性をもって生まれたものであり、この間にどのような発展を遂げてきたものなのか、個別具体的な理論や技法の在り方だけでなく、心理療法というプロジェクトそれ自体が現在どのような段階にあるのか、そしてどのような未来に向かっているのか、これらの事柄について考えておく必要があるだろう。筆者の限られた知識や経験からは、ユング心理学、もしくはユング派心理療法に偏った記述になることと思うが、本書が書かれる目的もそこにある。

また、心理療法家であるわれわれは、この今日における「今日の心理療法の在り方」が、単にどこか外側から到来した新しいものではありえないこともよく知っておく必要がある。

第8章でもふれることになると思うが、例えば、筆者は以前、(37)発達障害の心理療法の要点の一つとして、〝「中立性」というスタンスの放棄：セラピストが自らの主体をぶつけること〟を挙げた。しかしながら、これは果たして、心理療法にとってそれほど新奇なことだったのだろうか。

例えば、先にも引用したシャムダサーニがユングの『赤の書』の序論で明らかにしたように、フロイトが分析家の中立性や匿名性を重視し、被分析者や患者を寝椅子に寝かせて、自分はその背後に座るというセッティングの自由連想を用いたのとは正反対に、ユングは、自分の被分析者や患者たちに、自己分析で自分が用いた方法を伝授しようとし、その手本を示すため、自身の分析室にあったイーゼルに立てかけてある『赤の書』それ自体を彼らに見せることさえあったという。ユング自身が言うように、彼はいかなる意味でもフロイトの分派ではなかったのであり[38]、このような彼のスタンスにはすでに、発達障害の心理療法における〝「中立性」というスタンスの放棄：セラピストが自らの主体をぶつけること〟は実現されていたように思える。

また、第6章でも取り上げるが、ユングは、「医学と心理療法」という講演のなかで「真の心理学的診断は、治療が終結した際にのみ明らかになる[39]」と述べ、「心理学的診断」と「医学的診断」とを明確に区別したが、そのようなユングを始祖とするユング派心理療法では、病理や病態水準への関心は薄く、一回一回、あるいは一瞬一瞬の「出会い」を重視する傾向が強い。つまり、ユングが言う「心理学的診断」とは、そのような一瞬一瞬の「完全なる認識＝*dia-gnosis*」として、セラピストという他者との接触で顕わになった、クライエントの今現在の在り方を描き出し、それを一つのテキストとして読み込み、そこに織り込まれている心理学的課題を暫定的に措定することなのであり、敷衍すれば、セラピーそれ自体が、このような「心理学的診断」の無限の反復でもあったと言えるだろう。

そのような一回一回、一瞬一瞬の「出会い」に専心する態度は、これもまた、第8章でふれることになると思うが、発達障害の心理療法におけるセラピストのかかわりの要諦である「剥き出しにすること」や「蹴り出すこと」[40]にも通ずるところがある。

ユングの死後、そのフロイトとの関係が神話化されてきたことからもわかるように、精神分析からは本質的にかけ離れた、彼独自の心理療法実践のもつラディカルな側面は、『赤の書』とともに封印されていたと言えるのかもしれない。そして、今日における「今日の心理療法の在り方」について、そのような「心理療法の未来」について論じることは、今述べたように、人類の精神史における心理療法というプロジェクトが最初から孕んでいた〈本質〉を彫り出す作業としてだけ、真に意義あるものとなるのである。

（1）Ellenberger, H. (1970). *The Discovery of the Unconscious: The History and Evolution of Dynamic Psychiatry*. London: Fontana Press, 1994.（木村敏・中井久夫監訳『無意識の発見（上）（下）――力動精神医学発達史』弘文堂、一九八〇年。）
（2）*SE* 23, p.219. *SE* は次の文献を示し、以下、*SE* という略語と巻数・ページ数で表記する。Freud, S. (1953-74). *Standard Edition of the Complete Psychological Works of Sigmund Freud*. London: Hogarth Press and the Institute of Psycho-Analysis.
（3）Storr, A. (1989). *Freud*. Oxford: Oxford University Press, 2001, p.41.
（4）*SE* 23, p.249.
（5）*ibid*.
（6）*ibid*., p.250.

(7) Shamdasani, S. (1998). *Cult Fictions: C. G. Jung and Founding of Analytical Psychology*. London: Routledge, p.20.

(8) cf. *ibid.*, p.25.

(9) CW10, par.337. CWは次の文献を示し、以下、CWという略語と巻数・パラグラフ数で表記する。Jung, C.G. (1953-79). *The Collected Works of C. G. Jung*. Princeton: Princeton University Press.

(10) 田中康裕「神経症圏を中心に」桑原知子編『臨床心理学』朝倉書店、二〇〇七年、六〇―六八頁。

(11) cf. *SE* 16, p.368.

(12) *MDR*, p.135. *MDR*は次の文献を示し、以下、*MDR*という略語とページ数で表記する。Jung, C.G. (1963). *Memories, Dreams, Reflections*. London: Fontana Press, 1995.

(13) *SE* 16, p.279.

(14) CW10, par.355.

(15) *ibid.*, par.361.

(16) Giegerich, W. (2005). *Dialectics and Analytical Psychology*. New Orleans: Spring Journal Books, p.26.

(17) CW10, par.360.

(18) *ibid.*, par.361.

(19) *ibid.*, par.333.

(20) 田中康裕「今日のユング派心理療法の在り方」『精神療法』第四〇巻第一号、二〇一四年、三三―三七頁。

(21) Kernberg, O.F. (1967). Borderline personality organization. *Journal of the American Psychoanalytic Association*, 15, 641-685.

(22) 田中康裕「発達障害と現代の心理療法――『自己の無効化』による『治療《セラピー》ではない治療《セラピー》』としての自己展開」河合俊雄編『発達障害への心理療法的アプローチ』創元社、二〇一〇年、一八〇―二〇三頁。

(23) このことが意味するのは、心理療法の焦点がもはや、「人格」から「発達」へと移行したということなのだろう。このような移行については、田中康裕「発達障害の広がりとその心理療法――『グレイゾーン』の細やかな識別と『発達の非定型化』という視点」河合俊雄・田中康裕編『発達の非定型化と心理療法』創元社、二〇一六年、一二二―一四三頁を参照のこと。

（24）Kawai, T. (2009). Union and separation in the therapy of pervasive developmental disorders and ADHD. *Journal of Analytical Psychology*, 54, 659-675.
（25）Frith, U. (1989). *Autism: Explaining the Enigma*. Oxford: Basil Blackwell.（冨田真紀・清水康夫訳『自閉症の謎を解き明かす』東京書籍、一九九一年。）
（26）Ozonoff, S. & Griffith, E.M. (2000). Neuropsychological function and the external validity of Asperger syndrome. In A. Klin et al. Eds., *Asperger Syndrome*. New York: Guilford Press, pp.72-96.（山崎晃資監訳「アスペルガー症候群の神経心理学的機能と外的妥当性」『総説アスペルガー症候群』明石書店、二〇〇八年、一〇七―一四一頁。）
（27）Klin, A. et al. (2000). Assessment issue in children and adolescents with Asperger syndrome. In A. Klin et al. Eds., *Asperger Syndrome*. New York: Guilford Press, pp.309-399.（山崎晃資監訳「アスペルガー症候群の子どもおよび青年の評価をめぐる問題」『総説アスペルガー症候群』明石書店、二〇〇八年、四一六―四五六頁。）
（28）内海健『自閉症スペクトラムの精神病理――星をつぐ人たちのために』医学書院、二〇一六年。
（29）筆者は以前、このような「発達障害」の本態を〝「自分のなさ」「空っぽさ」とそれゆえのとらえがたさ〟と〝「干渉されやすさ」と「欠損感」〟の二点から素描した。田中康裕「成人の発達障害の心理療法」伊藤良子・角野善宏・大山泰宏編『「発達障害」と心理臨床』創元社、二〇〇九年、一八四―二〇〇頁。
（30）Lyons, V. & Fitzgerald, M. (2013). Atypical sense of self in autism spectrum disorders: A neuro-cognitive perspective. In M. Fitzgerald Ed., *Recent Advances in Autism Spectrum Disorders- Volume I*. InTech. http://dx.doi.org/10.5772/53680
（31）Kanner, L. (1943). Autistic disturbances of affective contact. *Nervous Child*, 2, 217-250.（十亀史郎他訳「情動的交流の自閉的障害」『幼児自閉症の研究』黎明書房、二〇〇一年、一〇―五五頁。）
（32）Asperger, H. (1974). Frühkindlicher Autismus. *Medizinische Klinik*, 69, 2024-2027.
（33）Lutz, J. (1968). Zum Verstaendnis Des Autismus Infantum Als Einer Ich-Bewusstseins-, Ich-Aktivitaets- Und Ich-Einpraegungsstoerung. *Acta Paedopsychiatrica*, 35, 161-177.
（34）広沢正孝『学生相談からみた「こころの構造」――〈格子型／放射型人間〉と21世紀の精神病理』岩崎学術出版社、二〇一五年。

(35) 内海健「精神の病が映す『こころのゆくえ』——統合失調症と自閉症」大澤真幸編『宗教とこころの新時代』岩波書店、二〇一六年、一六九—一七〇頁。
(36) 十一元三「広汎性発達障害を持つ少年の鑑別・鑑定と司法処遇——精神科疾病概念の歴史的概観と現状の問題点を踏まえ」『児童青年精神医学とその近接領域』第四五巻、二〇〇四年、二三八頁。
(37) 田中前掲29。
(38) Shamdasani, S. (2009). Liber Novus: The "Red Book" of C. G. Jung. In C.G. Jung, *The Red Book*. New York: Norton, pp.195-221.(田中康裕訳「序論」C・G・ユング(河合俊雄監訳)『赤の書』創元社、二〇一〇年、一九五—二二〇頁。)
(39) CW 16, par.197.
(40) 田中康裕「大人の発達障害への心理療法的アプローチ——発達障害は張り子の羊の夢を見るか?」河合俊雄編『発達障害への心理療法的アプローチ』創元社、二〇一〇年、八〇—一〇四頁。

第Ⅰ部 心理療法と「近代」——ユングの三つの夢を通して

第1章　神話的世界へのイニシエーション——ファルスの夢(1)

第Ⅰ部の以下の三つの章では、ユング（Jung, C. G.）が『自伝』で報告した三つの夢を通して、心理療法と「近代」という時代のかかわりについて論じる。

本章で取り上げる「ファルスの夢」は、ユングが記憶している最初の夢であり、彼自身のなかにあった「近代」と「前近代」を論ずる端緒としては、欠くことのできない素材である。

二十世紀における心理療法発展の「先駆け」の一人としてのユングが身をもって体験していた、自身が実際に生きる時代としての「近代」と、自身の内側に確かな実感をもって脈打つ「前近代」との葛藤とは、どのようなものだったのだろうか。

1　ファルスの夢

ユングが『自伝』において語る「ファルスの夢」は、以下のようなものである。

牧師館はラウフェン城の近くにぽつんと立っていた。そして、寺男の農場の裏手には大きな牧場があった。夢のなかで、私はその牧場にいた。ふいに私は地面に暗色の長方形の石を並べた穴を見つけた。それは以前には見たことのないものだった。私は好奇心に駆られ走り寄り、穴のなかをのぞいてみた。すると、そこには下の方に続いている石の階段があった。ためらいながら、そして恐る恐る私はそこを下りて行った。一番下まで来ると、丸いアーチ形の出入口があって、そこは緑色のカーテンで閉ざされていた。ブロケードのような織物でつくられた大きく重いカーテンは見るからに贅沢な感じがした。その後ろに何が隠されているのかを見たくて、私はカーテンを脇に押しやった。すると、薄明かりのなかに、奥行き十メートルほどの長方形の部屋があるのが見えた。天井はアーチ形で、石を切り出してつくってあった。床は敷石で覆われていて、入口から低目の台にかけては、中央に赤い絨毯が敷いてあった。そして、その台の上には、非常に見事な黄金の玉座があった。確かではないが、おそらく、赤いクッションがその上には置かれていた。それは素晴らしい玉座であり、おとぎ話のなかにあるような本物の王様の玉座であった。その上に何かが立っていて、私は最初、高さ四、五メートル、直径五十―六十センチメートルの木の幹だと思った。それはとてつもなく大きく、天井に届かんばかりだった。しかし、それは奇妙な構造をしていた。すなわち、皮と剥き出しの肉でできていて、てっぺんには顔も髪もない頭にも似た丸い何かがあり、その頭のようなものの一番上には目が一つついていて、微動だにせず上の方を見つめていたのだ。

その部屋のなかはかなり明るかった。そこには窓もなく、ぱっと見たところ、光源はなかったが、頭上に光輝のアウラがあった。微動だにしないにもかかわらず、それはいつか虫のように玉座から這い出し、私の方にやってくるかもしれないと感じていた。私は怖くて動けなかった。その時、外から、そして上から、母の叫び声が聞こえた。「そう、よく見ておきなさい。あれが人喰いなのよ」と。私の恐怖はさらに強まった。目が覚めた時には、汗びっしょりで、死ぬほど恐ろしかったのを覚えている。(2)

ユングは、一八七五年にスイスにあるボーデン湖畔の町ケスヴィルに、父パウル（一八四二―一九六年）と母エミーリエ（一八四八―一九二三年）の二番目の子どもとして生まれた。長男パウルは夭折したため、彼は実質的には長男として生育し、九歳年下の妹がいた。

父方祖父であり、彼と同名のカール・グスタフ・ユングは、バーゼル大学医学部の教授で、衰退していた大学に再び活気を蘇らせるために尽力した非常に有能な人であったと言われている。彼は同時に熱心なフリーメイソンの会員であり、純粋な啓蒙主義者でもあった。その末子として生まれたパウルは、好きだった古典語の研究者になることを志し、旧約聖書の雅歌のアラビア語訳に関する研究で博士号をとったが、結局は、学者としての道をあきらめ、教区牧師となる。一方、母親エミーリエは、バーゼルでは有名な牧師長ザムエル・プライスヴェルクの末子として生まれた。彼女の父親は、霊的な能力をもち、死者と会話することができたという。そういう血を受け継いだエミーリエも霊感の強い、一種独特のパーソナリティーの持ち主であったことが、『自伝』における記載からもうかがい知ることができる。

ユング一家は、彼が満六ヶ月の時、父親がラインの滝の上流にあるラウフェン城の教区牧師に任命されため、ケスヴィルからそこに移り住んだ。この頃の父母の夫婦関係は決して円滑なものではなく、彼が三歳の時には、結婚生活での何らかの困難が原因で、母親が数ヶ月にわたって入院するという出来事があったという。その後、ユングが四歳の時には、一家はこのラウフェンからバーゼル近郊のクライン・ヒューニンゲンへ引っ越しており、それゆえ、この夢を見たのは三歳から四歳の間のことだったと回想しているのだろう。

2　「人喰い」としてのキリスト

ちょうどこの夢を見た頃、ユングは夜に対して漠然とした恐れを抱いていた。夜になるといつも、何者かが家の周りを歩いている音がし、ラインの滝の無言の轟きが聞こえたのだという。彼によれば、周りはどこも「危険地帯」だった。彼はこう続ける。

人々が溺れ、寺男が近くの共同墓地に穴を掘り、茶色の掘り返した土の山をつくる。風変わりな背の高い帽子をかぶり、光った黒い長靴をはき、長いフロックコートを着た、黒くしかつめらしい男たちが黒い箱を運んで来る。僧服を着た父がよくとおる声で話をしている。女たちは泣き、私は誰かがこの地面の穴に埋められるのだと教えられた。以前には周囲にいた誰かが突然いなくなってしまったの

である。その後、私はその人たちが埋葬され、主イエスのもとに召されたのだと聞かされた。(3)

この「黒い箱」を運んで来る「黒い男」たちにユングが抱いていた恐怖は相当なものであった。そんなある日、家の前で砂遊びをしていた彼は、女性のような服装をした「黒い男」が森からこちらに近づいてくるのを見て恐ろしくなり、その瞬間、「あれはイエズス会士だ」(4)という閃きに撃たれたという。彼によれば、その恐ろしさは凄まじいものであり、決して忘れられないものとなった。このことは、彼自身がこの出来事を「最初の意識的なトラウマ」(5)と呼んでいることや、十歳の頃に彼が、この「黒い男」の人形を定規や石でつくり、定規の方は大切に筆箱のなかに保管し、さらには、それを行ってはいけないと言われていた屋根裏部屋に隠していたことにもよく示されている。彼はこうすることによって初めて、「黒い男」への恐怖を鎮めることができたのである。彼はこの「筆箱の秘密」を「私の子ども時代のクライマックスであり、結論であった」(6)とさえ述べている。

しかし、この頃のユングにはまだ、今述べたような自らの恐怖を和らげる手だてはなかった。そして、そんな彼の夜への恐怖を慰めてくれたのが、母親が教えてくれた毎晩のお祈りの言葉であった。しかしそれは同時に、ユングが「主イエスは人喰いである」という観念に悩まされる端緒ともなったという。その「お祈り」とは以下のようなものである。

おやさしい主イエスさま、翼をお広げください。

そして、あなたのひな、あなたの子どもを召し上がってください。

「もし、サタンが子どもをとりに来ても、子どもを傷つけることはないだろう」

と天使に歌わせてください。


ユングには最初、なぜ子どもたちが主イエスの嫌々食べたひなに喩えられているのかがわからなかった。しかしすぐに、「主イエスは、その味が好きではなかったが、サタンに食べられないために、とにかく子どもたちをお食べになったのだ」[7]と理解するに至ったという。しかし一方で、このことは彼に次のような想念をもたらした。すなわち、主イエスが他の人々も食べ、しかもこの「食べる」というのは、地面の穴に彼らを入れることを意味している、という想念である。

ユング自身が述べているように、「主イエスは、夜の恐怖を追い払ってくれるという点で有用だったのは事実であるが、私にとっては、薄気味の悪い、磔にされた、血塗れの体をした死に神のように思われた」[8]。その意味では、彼はこの時すでに、「親愛なる主イエス」のなかに、後に彼がキリスト教的な「三位一体」に対して主張した「四位一体」における「アンチ・キリスト」を見てとっていた。つまり、サタンとイエスはもはや別々のものではなく、一つの本質の異なる二つの側面として彼には捉えられていたのである。

3　地下の世界へのイニシエーション

ユングがこの「ファルスの夢」を通して降り立ったのは、前節に示されているような「地下の世界」であった。けれども、その「地下の世界」が意味するのは、単なる「地面の下の世界(underground)」ではなく、真の意味での「向こう側の世界」、すなわち、「あの世」としての「冥界(underworld)」だったのだろう。[9] この夢が示すのは、そのような「地下の世界」へのイニシエーションだったのではないだろうか。

このことは、夢の最初の場面によく表されている。そこでの彼は、墓穴掘りをするあの「寺男」の農場の裏手の牧場にいて、「地面に暗色の長方形の石を並べた穴」があるのを見つける。『ふしぎの国のアリス』[10]でアリスが「うさぎの穴」を見つける場面にも示されているように、このような「穴」の存在を知ることができるのは、そこに参入することを許された者だけである。あらゆるイニシエーションがそうであるように、ユングは、偶然ではなく必然として、この「地下の世界」へと導かれて行ったのだろう。

そして、彼は穴のなかを「好奇心」に駆られてのぞいてみる。すると、そこには「下の方に続いている階段」があったという。「恐る恐る」ではあるが、彼はその階段を下りて行く。このような感情体験を通して、個人の意識はある状態から別の状態へとイニシエートされていくのである。

こうして、夢のなかのユングはとうとう「地下の世界」に降り立つが、そこは、「緑色のカーテン」で奥が閉ざされていた。この「緑色のカーテン」について、ユング自身は、「牧場、すなわち、緑の植物で覆われた土の神秘性を象徴していた[11]」と述べている。さらに彼は、その奥に何が隠されているのかを知りたくて、その「緑色のカーテン」を脇に押しやる。そこには、長方形の部屋があり、その入口から低めの台にかけて、中央には「赤い絨毯」が敷かれていたという。この絨毯の色について彼は、「血の赤色だった[12]」と形容している。

このようなユング自身のカーテンや絨毯の色彩についての連想からもわかるように、『自伝』でのユングは、この「地下の世界」を大地性や身体性と結びつけて考えていたようである。つまり、そこでは、天にいる精神的なキリスト教の神とそれを補償する地下にいる身体的な土着の神が対置されているのだ。

このような世界観は、ユングが終生保持し続けたものであり、それは、後の著作においては、「四位一体」に関する彼の考えによく示されている。

ユングが指摘するように、古来、バシリウス（三三〇―三七九年）やディオニシウス・アレオパギタ（四世紀後半）、アウグスチヌス（三五四―四三〇年）などのキリスト教の教父たちは、女性的なもの、大地、地下の領域、悪そのもの等の「三位一体」にとっての「他者」を閉め出す、あるいは排除することを熱心に試みた[13]。しかしながら、われわれが心理学的に人間の本性の深遠なる矛盾に直面するためには、「善と悪は、道徳的判断の共存する二つの側面で、互いに別々の起源をもつわけではなく、常に共にあるものである」[14]ということを、すなわち、善は悪と不可分に結びついており、逆もまた真である、ということをも認めざるをえない。「心理学は、善と悪がそれ自体いかなるものであるかについては知らない。心理学は諸関係についての判断としてのみそれらを知っている」[15]ということであり、心理学的に言えば、悪というのは、先に挙げたキリスト教の教父たちによって悪のリアリティーを否定するために導入された「善の欠如（*privatio boni*）」[16]という概念ではまったく説明できないものだった。すなわち、キリスト教的な「三位一体」（父と子と聖霊）は、神のドラマから、悪（アンチ・キリスト）、悪魔、あるいはマリアを排除することによって初めて、自らを自らとして維持することを試みてきた。もし、彼もしくは彼女がそこに取り込まれるなら、それはもはや「三位一体」ではなく、キリスト教的「四位一体」になってしまうからだ。[17]その意味では、ユングの主張した「四位一体」においては、精神性を偏重し、女性性・身体性・大地性を悪と見なして切り捨ててきたキリスト教的な「三位一体」がどのようにしてもう一度それらを取り戻し、全体性を回復するかということに焦点が当てられていると言えるだろう。

ユングの思想においては、精神と身体、男性と女性、天と地等々の対立は再び結合されるべきものであり、今述べたように、そのような葛藤を放置しておいたという点で、あるいは、女性性・身体性・大地性を悪と見なして切り捨ててきたという点で、キリスト教の象徴体系は、現代人の病んだこころに真の癒しをもたらすものではありえなかった。別の言い方をすれば、「キリスト教は善と悪の対立を世界の問題とし、その葛藤を教義的に定式化することで、それを絶対的な原理にまで引き上げた[18]」が、神は完全に善であり、悪はすべてサタンに帰されるというような伝統的なキリスト教の観念や価値観、すなわち、「最高善の教義」は、現代人の病んだこころに向き合うユングにとって何の意味ももたなかったのである。彼自身が述べるように、「いったん無意識の探究が意識を元型の体験に導いたなら、個人は人間の本質にある深淵な矛盾に直面せざるをえない。この直面化は、ひいては、光と闇、キリストと悪魔を直接的に体験する可能性へと導く[19]」のであり、「対立物の体験なしに、全体性の体験はありえず、このゆえに、聖なる像への接近もありえない[20]」からだ。

だからこそ、ユングは、自らの心理学を確立していく過程で、キリスト教中心的な視点から見ればいわゆる「異端」と見なされるグノーシス主義や錬金術を研究する必要があったのだろう。『心理学と錬金術』（一九四四年）において、彼は次のようにも述べている。

後者〔キリスト教の象徴体系〕においては、世界には一つの亀裂が走っており、これが世界を分断している。つまり、光は闇と闘い、天界は下界と闘う。心的元型においてとは異なり、それら二つのものは一つではない。しかし、教義が二は一であるという考えを非難しているにもかかわらず、……その実際の宗教的実践においては、自らのなかで一になるという自然な心理学的な自己〔セルフ〕の象徴体系に近いものが用いられている。さらにまた、教義は、三は一であると主張するが、四は一であるということは否定する。古来、西洋だけでなく、中国においても、奇数は男性、偶数は女性であると見なされていた。それゆえ、三位一体は、まぎれもない男性的な神性であり、キリストの両性具有や聖母マリアに与えられた特別の地位や崇拝は本当の意味でそれと等価なものではない。[21]（括弧内筆者）

さらに、ここでの彼は、錬金術の中心となる公理、「一は二になり、二は三になり、そして、一は四として三より出ずる」にふれ、この「マリアの公理」では、「……女性原理、大地、地下界、そして悪そのものを意味する偶数が、キリスト教の教義の奇数の間に割り込んでいる。それらは、メルクリウスの蛇、すなわち、自身を創造し破壊し、第一質料を表す龍によって表象されている」[22]とも述べている。

このような「四位一体」は、無意識を探究するなかでユングが構築した独自の世界観であった。そして、このように見ていくと、三歳から四歳の間に見たというこの夢にはすでに、彼が後に発展させる自らの思想を支えるコスモロジーが包含されていたと言うことができるだろう。

4　王と王の息子

確かにこの夢には、天にいる精神的なキリスト教の神とそれを補償する地下にいる身体的な土着の神を対置するというコスモロジーが包含されており、ユング自身、それをよく承知していたように思える。

しかし、このような「地下の神」は、単に「天上の神」に対置されるものでしかないのだろうか。前節で示したように、ユングは一方で、このような対立を再び統合することを目指していたが、他方では、今述べたような「補償」という概念によって、彼は対立を生み出していたとも言えるのではないだろうか。

このことは、『自伝』での彼の以下の言葉にもよく表れている。

この夢のファルスは名づけようもない地下の神のように思われ、若い間中、私のなかに留まった。誰かが主イエスについて過度に同調的に話す時にはいつでも、繰り返し現れてきたのである。主イエスは決して真実とは思えず、私は彼を完全に受け入れることも、愛することもできなかった。何度も何度も、私は彼の地下にいる片割れ、すなわち、求めたわけでもないのに与えられた恐ろしい啓示のことを考えるのであった。(23)

　ここではむしろ、ユング以降に生きるわれわれは、これら対立するものは実は同一のものでもあったということを感得する必要があるのだろう。そして、この種の同一性については、実際ユング自身がたびたび言及しており、前節でも引用した錬金術における「マリアの公理」にもそれはよく表れている。つまり、「一は四として三より出ずる」という箇所や、その「四番目のもの」を「メルクリウスの蛇」に喩えていることからもわかるように、それは最初からすべてを含んでいるのだ。ユングはこのようなメルクリウスについて以下のように述べている。

　メルクリウスは作業の始まりと終わりに立っている。……メルクリウスは、金属であって同時に液体であり、物質であって同時に精神であり、冷たいが同時に燃えており、毒であって同時に妙薬である。すなわち、メルクリウスはあらゆる対立物の結合の象徴なのである。(24)

　このような文脈で言えば、ユングがこの「地下の世界」で出会ったのが、玉座に座った目をもったファルスだったことは興味深い。メルクリウスは、ギリシア神話ではヘルメスと呼ばれ、しばしばファルスと頭だけの形姿で表されるからだ。そこでのファルスは、生殖性や豊饒性をも象徴し、フロイト派の文脈で言う「男根的なもの」とは、まったく異なった意味合いも付与されていた。ヘルメスは、「魂の導き手（psycho-pomp）」であり、神々の間の、そして神々と人々の間を媒介する役割を果たした。その意味では、彼は単に身体と結びつけて考えられるべき神格ではなく、むしろ、魂の視座として冥界に身を置くものであり、「向こう側の世界」から「こちら側の世界」を見据える神格だったと言えるだろう。

　錬金術においては、このようなメルクリウスやヘルメスはたいへん重視され、先の引用にも示されているように、彼らは作業の過程の「第一質料（*prima materia*）」であり、同時に「最終生成物（*ultima materia*）」であると見なされていた。

　ユングはおそらく、この夢のなかで、今述べたような「向こう側にあって、こちらを見つめる目」の存在を体験したのだろう。そして、そのようなファルスが身を置く場所は、この夢に示されているように、「黄金の玉座」でなくてはならなかった。いわば、この「地下の王」であるファルスに呼ばれて、ユングは「地下の世界」に降り立ったのであり、その意味では、この夢のなかでの彼は、自らが後に『心理学と錬金術』のなかでとりあげる「息子を呑み込む『第一質料』としての王[25]」という挿し絵に示されている王に呑み込まれる「王の息子（*regius filius*）」であったとも言えるのかもしれない。

　ユングがそこでとりあげているのは、「アリスレウスのヴィジョン（*Visio Arislei*）」と呼ばれる挿話である。哲学者アリスレウスは、そのヴィジョンのなかで、「海王（*rex marinus*）」のもとを訪れる。「海王」の国ではあらゆるものが育たず、あらゆるものが繁殖しない。その国には哲学者がいないからだ。ここではただ同質のものが結合し合っているだけで、その結果、生殖は行われえない。そこで王は、アリスレウスの忠告に従って、自分の脳のなかに生まれた二人の子ども、タブリティウスとベヤを交わらせることにする。国に繁栄を取り戻そうとするこの企ては失敗に終わり、タブリティウスは死ぬことになる。そこでは、この息子の死は、父である王に呑み込まれるという形で表されている。[26]

ここに示されているのは、単なる「失敗」ではなく、息子の死、あるいは息子を呑み込むことによる王の「若返り（rejuvenation）」だったのだろう。そして、この「若返り」は、国が繁栄を取り戻すための一つの重要な「作業」でもあった。しかし、それはあくまで自分の脳のなかに生まれた息子を呑み込むことによって成し遂げられたのであり、その意味では、喰う者と喰われる者とはここでは同一であった、あるいは同一でなければならなかったとも言えるのだ。

このファルスの夢で言えば、ユングの「穴のなかへの下降」は、王の助けを求める叫びに応じているという点で、「王への忠実を示す（*operari regi*）[27]」ものであり、それ自体すでにある種の儀式的行為であったように思われる。地下の王であるファルスの呼びかけに応じる以外、ユングに許された選択肢はなかった。つまり、彼がこの地下のファルスに喰われることによってだけ、地下の王であるファルスは自らを更新しえ、彼はこのファルスとの結合を果たしうるのだ。その意味では、ここでのユングは、喰われる「王の息子」であり、息子を喰う「王」でもあった。

キリスト教のミサ、特に聖体拝領について述べた箇所で、キリストはミサにおいて犠牲を供する者であり、同時に犠牲に供される者であったという主旨のことをユング自身後に述べているが、[28]この夢はまさにそのような意味での「ミサ」であったと言えるだろう。彼はその意味を実感したからこそ、その時、「怖くて動けなかった」のである。

「この夢は生涯私のこころを奪うことになった」[29]とユング自身が述べているように、この夢での体験は、彼の心理学それ自体においても決定的な役割を果たしていたように筆者には思える。ユングの心理学の特異性は、「客観的なこころ（objective psyche）」[30]という概念にもよく示されているように、従来は意識の側から眺められているだけで、その意味であくまでも受動的なものと見なされていた夢やファンタジーといったこころの活動の産物の側にも固有の主体性や自律性を認めるという姿勢にあるからだ。つまり、ユングはこの「ファルスの夢」で、「こちら側の世界」を圧倒する「向こう側の世界」の主体性や自律性を身をもって体験したのであり、まさにその時、彼の「知的な生涯はその意識的な出発をしたのである」[31]。

5　あれが人喰いなのよ

この夢の最後の場面で、ユングは「母の叫び声」を聞いている。「そう、よく見ておきなさい。あれが人喰いなのよ」。この声を彼は「外から、そして上から」聞いたのだ。このことはいったい何を意味するのだろうか。

一つには、河合俊雄が指摘するように[32]、夢から覚める時にそのような母親の声が入ってくることは、これまで述べてきたような「地下の世界」に入り込んだユングにとって、母親が唯一の現実世界との接点であったことを示し、その意味では、この声によって、ユングはこの夢自体を外から見ることになっている、とも言えるだろう。このことによって初めて、ファルスに喰われ、見られ、圧倒されるだけではなく、こちらが見るという主体的な側面が導入されているのである。

もう一つ言えるのは、ユングがこの声を聞くことで一層恐怖をつのらせていることからもわかるように、この「外から、そして上から」の声は、自らのいる場所が「内」であり、そして「下」であるということを彼に再認識させたということであろう。この点では、この声もまた、彼の意識の状態を変えていく役割を担っていた。

また、この声は、そのファルスが当時自分の怖れていた「人喰い」であることをユングに知らせるものでもあった。それゆえ、ある見方をすれば、この声によって初めて、彼はこのファルスに喰われることができたとも言えるだろう。そして、それは同時に、彼がファルスとの結合を果たすことでもあり、その意味で、彼は自らを喰ったとも言えるのだろう。そこでの彼は、「王」であり、「王の息子」であった。

『自伝』によれば、この夢のなかで見たものが儀式のファルスだったとユングにわかるのは十年後のことであった。そして、彼は、あの時の「母親の声」が、「あれこそ、人喰いなのだ」という意味だったのか、「人喰いはあれなのだ」という意味だったのか、ということを考えるようになったという。

前者の場合なら、主イエスやイエズス会士は子どもたちを食べるものではなく、ファルスこそが人喰いであることを意味しているのだろうし、後者の場合なら、人喰い一般がファルスで象徴されているのであって、暗い主イエスもイエズス会士もファルスも同一のものということになる。(33)

ユングが本当に夢から覚めたのは、このように考えるようになった時だったのではないだろうか。夢のなかでこの声を聞いた時も、そして、死ぬほどの恐怖で目が覚めた時も、彼はまだ夢から覚めてはいなかった。すなわち、この夢に悩んでいる十年間、彼はこの夢の内側に留まり続けていたのだ。それが儀式のファルスだと「わかる」こと、そして、「母親の声」の意味を「問う」ことは、夢の内側にいる彼には不可能なことであり、そのことによって初めて、彼は夢の外側に出ることができたと言えるのだろう。

その意味では、「あれが人喰いなのよ」という言葉にどちらのニュアンスが込められていたのかは、夢を見た時の彼にとっては考えの及ばない問いであった。さらに言えば、二者択一的にどちらかに決められるようなものでもなかったのだろう。ユングがこの夢で体験したのは、主イエスとファルスの「同一性と差異性の結合」であり、それらはまったく別々のものであり、同時にまったく同一のものでもあったからだ。彼が留まり続けていたのは、そのような神話的世界だった。

この夢から十年の歳月を経て、思春期の只中にあった当時のユングには、まさにそこから出ることこそが必要だったと言えるのかもしれない。その意味では、この「外側に出る」こともまた、そこに導かれて行ったのと同じく、心理学的な「必然」だったのであり、ユングはその時、この「ファルスの夢」を通して降り立った「地下の世界」から、すなわち、そこに広がっていた太古的な神話的世界からいったん離脱することを求められていたのである。

（1）本章は以下の別稿に加筆修正を施したものである。田中康裕「ユングの『ファルスの夢』――そのイメージ体験と思惟」藤原勝紀・皆藤章・田中康裕編『心理臨床における臨床イメージ体験』創元社、二〇〇八年、六九―八〇頁。
（2）*MDR*, pp.26-27.
（3）*ibid.*, p.24.
（4）イエズス会は、騎士出身のイグナチウス・ロヨラ（一四九一―一五五六年）が、日本に初めてキリスト教を伝えたフランシスコ・ザビエル（一五〇六―五二年）ら五人の同志とともに設立した、現在世界で二番目に大きいカトリックの男子修道会である。宗教改革以来、イエズス会員は「教皇の精鋭部隊」とも呼ばれた。以下も参照のこと。イエズス会日本管区ウェブサイト http://www.jesuits-japan.org/
（5）*MDR*, p.25.
（6）*ibid.*, p.38.
（7）*ibid.*, p.25.
（8）*ibid.*, p.28.
（9）Hillman, J. (1979). *The Dream and the Underworld*. New York: Harper & Row, pp.35 ff.
（10）ルイス・キャロル（高杉一郎訳）『ふしぎの国のアリス』講談社、一九八三年、八頁参照。

（11）*MDR*, p.28.
（12）*ibid.*
（13）cf. CW 12, par.26.
（14）CW 9-ii, par.84.
（15）*ibid.*, par.97.
（16）*ibid.*, par.81.
（17）cf. CW 14, pars.122 and 237.
（18）CW 12, par.462.
（19）*ibid.*, par.23.
（20）*ibid.*, par.24.
（21）*ibid.*, par.25.
（22）*ibid.*, par.26.
（23）*MDR*, p.28.
（24）CW 12, par.462.
（25）See *ibid.*, fig.168 on p.331.
（26）cf. *ibid.*, par.436.
（27）*ibid.*, par.436.
（28）*ibid.*, par.417.
（29）*MDR*, p.26.
（30）CW 12, par.51.
（31）*MDR*, p.30.
（32）河合俊雄『ユング――魂の現実性』講談社、一九九八年、二七頁以下参照。
（33）*MDR*, p.27.

第2章　「近代の意識」の本質——影入道の夢[1]

　序章にも述べたように、「近代の意識」の特徴は、自らを反省する意識であることであり、その意味で、それは「自己関係」の意識、「自己意識」である。西欧近代に生まれた心理学は、そのような「近代の意識」の確立を可能にしたものであると同時に、それ自体としてそのような意識を不可欠の前提としていたと言えるだろう。

　ユング（Jung, C.G.）の「一つの心理学的なプロセスを説明するのはもう一つの別の心理学的なプロセスでなければならない[2]」、あるいは、「心的なプロセスに関するすべての理論はそれ自体、心的なプロセスであると見なさざるをえない[3]」といった言葉は、上記のような「近代の意識」の、そして心理学それ自体のウロボロス的な本質をよく物語っている。

　この後に述べられるように、本章で取り上げる「影入道の夢」をユングが見たのは、大学入学を前にした時期だった。第1章で述べたように、「ファルスの夢」に広がる太古の神話的世界から離脱しようとしていた青年ユングが見た夢を通して、われわれは、「近代の意識」の本質や心理学が成立する歴史的背景を、より身近に感得することができるだろう。

1　影入道の夢

ユングが見た「影入道の夢」とは、次のような夢である。

夜、どこか知らない場所にいる。私は、強風に逆らい、ゆっくりと苦労しながら歩を進めていた。濃い霧が辺り一面に立ち込めていて、私の手には今にも消えそうな小さなあかりがある。すべては私がこの小さなあかりを守れるかどうかにかかっている。突然、何かが背後にやって来たのを感じて振り返ると、そこにとてつもなく大きい黒い人影が私を追って来ていた。恐怖にもかかわらず、私はその時、自分がこの小さなあかりを風のなか一晩中あらゆる危険に抗して守らねばならないことを知っていた。(4)

ユングは、ギムナジウムを卒業後、バーゼル大学に進学することを決めてはいたものの、そこで何を学ぶかという決定をなかなか下せないでいた。彼はその決定を絶えず先延ばしにし、牧師だった父親に「この子は思いつく限りのありとあらゆるものに興味はもつんだが、自分が何をしたいのかがわからないんだ」と言われたと述べている。(5)

そんな袋小路のなかで、医学の勉強をしてみようというインスピレーションがユングに浮かぶ。前章で述べた通り、彼と同名の父方祖父はバーゼル大学医学部教授も務めた高名な医者で、彼自身、そのことはよく承知していたはずだったが、医者になろうと思ったことはそれまでなかったのだという。彼がこの「影入道」の夢を見たのは、医学部への進学を最終的に決めた、ちょうどその時期だった。

ユングによれば、この夢は、当時の彼を「驚かし、また勇気づけた(6)」という。そして、彼は次のように述べる。

目が覚めた時、あの人影は「影入道」、すなわち、手にもっていた小さなあかりによってできた、渦巻くもやに映し出された私自身の影であることがすぐにわかった。また、この小さなあかりは私の意識であり、私のもっている唯一のものであることも私は知っていた。理解する力というのは私がもっている唯一の、そして最も偉大な宝物なのである。(7)

さらにその時、ユングには、「No・1はあかりの運び手であり、No・2は影のようにNo・1の後ろに寄り添っている(8)」ことがわかったという。

2　No・1人格とNo・2人格

先の引用に出てくる「No・1」と「No・2」というのは、幼い頃からユングのなかにあった対立する二つの人格、No・1人格とNo・2人格のことを指している。ここでは、まずこのことについて説明しておく必要があるだろう。

ユングは幼い頃から常に、日常的な自己の人格としての「No・1」とそうではない非日常的な自己の人格としての「No・2」の双方の存在を自らの内に感じており、また、そのことに苦しんでもいた。第1章で述べたように、三、四歳の頃から、「イエズス会士―緑のカーテン―人喰いの秘密」[9]という思考の連鎖は、ユングの人格の暗い領域、すなわち、No・2人格を形成していて、このことは、彼のいわゆる現実適応を困難にしていたのである（七歳時の喘息発作を伴う仮性咽頭炎や十二歳時の失神発作を伴う神経症による不登校の体験）。

「死」「夜」と深く結びついた「黒い服」を着た「イエズス会士」との幼少期の遭遇体験をユング自身、「最初の意識的なトラウマ」[10]と呼び、十歳の頃の「筆箱の秘密」（その「黒い男」の人形を入れて屋根裏部屋に隠していた）を「私の子ども時代のクライマックスであり、結論であった」[11]と位置づけていたことはすでに述べたが、にもかかわらず、ユングは、このように大切な「筆箱」のことを、先にふれた十二歳時の失神発作を伴う神経症による不登校の最中[12]、そして、それから回復して以降もすっかり忘れてしまう。彼にその記憶が再び蘇ったのは、それから約二十年の歳月を経た、フロイト（Freud, S.）との学問的な対立を決定づけた『変容の象徴』（一九一一―一二年）を執筆するための準備として考古学の専門書を読んでいる時のことだったという。[13]

その少年期の神経症から回復した後、この「筆箱」の記憶を失うことで、ユングの現実適応は確かに以前よりもよくなる。しかし、このことは単に、彼のなかの二つの人格にある種の統合や調和がもたらされたことを意味するのではない。そうではなく逆に、自らのうちには二つの人格が存在しているということを彼はより一層はっきりと自覚するようになったのである。

例えば、神経症からの回復直後、友人の父親にあることで叱られた際、自分は間違いなく二人の異なった人格であるという考えが彼には浮かんだというし、[14]さらに、別の箇所では、自分は一方では、少年であり両親の子どもであり、他方では、自然の万物、神が働くあらゆるものに通じた老成した懐疑的な人物であったとも述べている。[15]ユングによれば、当時の彼のなかには、現実に生きている十九世紀後半と十八世紀後半という二つの時代があり、自分の感じていた十八世紀との同一性を説明することができなかったという。[16]

ユング自身、「最も苦痛だったのは、私の内的分裂、私が二つの世界へ引き裂かれていることを何とかしようとする試みがことごとくうまくいかなかったことである」[17]と述べるように、このような「内的分裂」は常に彼を苦しめた。そして、このことには終生変わりがなかったように筆者には思える。

しかし他方で、当時の彼には、現実に適応するため、自らのNo・2人格の力を弱めておく必要もあった。この点について、彼自身は次のように述べている。「十六歳から十九歳までの間、私の抱えていたジレンマという霧はゆっくりと晴れ、鬱々とした精神状態は改善した。No・1人格はますます明確なものとなり、私は学校生活と町での暮らしを楽しめるようになっていった。そして、増加する知識は、本能的な予兆の世界に徐々に浸透し、それを抑圧するようになった[18]」と。

ユングが先に紹介した「影入道」の夢を見たのはちょうどこの頃だが、大学入学後も、No・2人格は消え去ったわけではなく、彼は以前と変わらず神学や神秘哲学に興味をもち、ついには、週に一度、彼の親戚が開いていた定例の降霊会にも参加するようになる[19]。また、解剖学の助手をしていた時には、単なるデモンストレーションのために行われる生体解剖のゆえ、彼は生理学にも抵抗を感じていたという[20]。「温血動物が、単なる知的なロボットではなく、われわれの近縁であるという感覚から決して解放されなかった[21]」からだ。ユングによれば、「私の動物に対する共感は、ショーペンハウエル哲学で言う仏教徒的な憐れみに由来するのではなく、原始的な心性の基盤、すなわち、動物との無意識的な同一化に根ざすものであった[22]」という。

その意味では、この「影入道の夢」に関連して、ユングは、「私はNo・2を置き去りにしなければならない。……ますます私は自分がNo・1と同一化していくのを感じていた。そして、この状態ははるかに包括的であるNo・2の一部分にすぎないことがわかっていた。だからこそ、私はもはや自身をNo・2と同一であるとは感じられなくなったのである[23]」と述べるように、実際のユングはますます二つの人格の分裂に深い部分で引き裂かれるようになったと言えるだろう。

3 あかりの位置――イニシエーションの新しい在り方

これまでの議論からもわかるように、ユングのなかには、当時実際に生きていた「近代」と実際には生きていなかった「前近代」とが、No・1人格とNo・2人格という形で共存していた。けれども、本当の意味で「近代」という時代にイニシエートされるためには、ユングは、前章で紹介した「ファルスの夢」のなかに広がっていた太古の神話的世界からいったん立ち去らねばならなかった。そして、「影入道の夢」が示すのは、そのような意味でのイニシエーションだった。

このことは、これら二つの夢における「あかりの位置」の違いによく示されていたように思える。

すなわち、太古の神話的世界の雰囲気の漂う「ファルスの夢」では、「その部屋のなかはかなり明るかった。そこには窓もなく、ぱっと見たところ、光源はなかったが、頭上に光輝のアウラがあった」という記述からもわかるように、「あかり」はユングの頭上にあった。しかし反対に、先に引用した「影入道の夢」では、ユング自身が自らの手に「あかり」をもっているのである。

ユング自身、この「影入道の夢」から覚めた時に気がついているように、その「影入道」は、彼が手にしていた「あかり」によって生み出されたものだった。その意味では、先に述べたユングが抱えていた「内的分裂」、あるいは、No・1人格とNo・2人格との間の「解離」もまた、自分が手に「あかり」をもっていることによってつくり出されたものであったと言えるのだろう。つまり、手に「あかり」をもっている、あるいはそう思っているからこそ、ユングは、そのような「内的分裂」に苦しみ、自らを追って来る「影入道」に常に脅かされなければならなかった、ということだ。

しかし、このような「内的分裂」、あるいは、手に「あかり」をもっているからこそ「影入道」に脅かされなければならないというような「自己矛盾」は、ユング個人だけではなく、広くその時代が、そして西欧世界が陥っていた事態であるようには筆者には思える。

西欧近代における「個」の確立は確かに、自然科学の発達、産業革命、飛躍的な文明の進歩、そして、それに伴う未曾有の物質的繁栄等々、多くのものをわれわれにもたらした。しかし他方で、同じものが、われわれのこころに様々な「災い」をもたらした。晩年、死を間近に控えたユングは適切にも、以下のように述べている。

多くの人々がこの分断された人格に苦しんでいることは現代人の呪いの一つであろう。それは決して病的な症状なのではなく、いつでもどこでも観察できる当たり前の事実なのである。それは単に、左手のやっていることを右手が知らないというような神経症的な事柄なのではない。この状況は一般的な無意識の症状であり、拒否しようがない全人類共通の遺産なのだ。[24]

「近代の意識」の誕生以来、われわれのこころは、自然と文明、理性と本能、精神と身体、思考と感情、意識と無意識等、自らの内にある対立する二つの極に引き裂かれ続けていることを、ユングはよく知っていた。

今述べたような「近代の意識」が確立される以前、すなわち、「前近代」においては、「この世」と「あの世」は、アプリオリに区分されていながらもつながりをもち、一つの神話的世界を形成していた。すなわち、キリスト教が多神教的な神話的世界を駆逐した後にさえも、「教会」を通して、人々は「神」との、そして「向こう側」の世界とのつながりと区分を保ちえていたのである。

そこでは、そのような「一なるもの（unity）」を基盤として、「この世」は「あの世」を目指し、「あの世」もまた「この世」を目指すという相互的かかわりのなかで、イニシエーションは成立していた。そこでは、「こちら側」は「向こう側」に隠された「宝物」や囚われた「女性」を求め、「向こう側」もまた「こちら側」からのそのようなコミットメントを必要としていたのだ[25]。

しかしながら、神々の姿はすでに視界から消え去り、さらには、一神教の神を盲目的に信仰することさえできなくなった「近代」においては、もはや「この世」と「あの世」との間の神話的なつながりは失われており、そこでは厳密な意味での前近代的なイニシエーションは成立しえない。「近代」におけるイニシエーションはもはや、「あの世」へと赴き、そこに隠された「宝物」や囚われた「女性」を獲得することだけを意味するわけではないのである。

その意味では、「あかり」や「宝物」が常に「向こう側」にあるのが「前近代」であり、それらが常に「こちら側」にあるのが「近代」であるとも言えるだろう。

さらに、この「影入道の夢」では、その「宝物」はもはや実体としては存在していない。このことは、「この小さなあかりは私の意識であり、私のもっている唯一のものであることも私は知っていた。理解する力というのは私がもっている唯一の、そして最も偉大な宝物なのである」というユングの言葉にもよく表れている。

ここでは、彼がそれを「知っていた」という点に注目する必要があるのだろう。「宝物」がもはや「向こう側」には存在しえない以上、英雄が「あの世」に囚われた「女性」を救出したり、そこに隠された「宝物」を獲得したりする「英雄神話」とは違い、この場合の「宝物」は、実体としてではなく、「理解する力」、すなわち、心理学的な認識として「こちら側」に存在するしかない。それが唯一の「宝物」としての「私の意識」だったように筆者には思える。[26]

このように、この「影入道の夢」に示されていたのは、ユングにおける「私の意識」、すなわち、「近代の意識」の確立であり、それを「知る」ことは、その後の彼にとっての重要なイニシエーションであったと言えるだろう。けれども、そこでのイニシエーションは、「ファルスの夢」に示されていた「地下の世界へのイニシエーション」とは異なり、心理学的な認識の獲得を目指してなされる極めて近代的なものであったのである。

4　心理学における「自然」

この「影入道」の夢のなかでのユングの行為は、ある意味、「自然」に逆らったものであり、そのことは、「強風に逆らい、ゆっくりと苦労しながら歩を進めていた」という一文にもよく示されている。

夜、知らない場所で歩を進めながら、「あかり」が「向こう側」ではなく、自分の手のなかにあることを、さらには、その「あかり」が、あるいは「私の意識」が非常にはかないものであることを彼は「知る」。そして、それゆえにこそ、彼はこの小さな「あかり」を守るべく強く動機づけられる。このような意味で言えば、この夢のなかのユングは明らかにある種の「葛藤状況」に陥っている。

しかし、もしここでわれわれが、われわれのこころにこのような葛藤に起因する「内的分裂」という災いをもたらすものとして、「近代の意識」の誕生を単に否定的に価値づけるならば、そのような態度は非心理学的であるように筆者には思える。そうではなく、この「内的分裂」や「解離」を伴う「近代の意識」の誕生は、われわれの精神の歴史における一つの必然であり、この夢でユングが「あかり」を手にもっていて、それをあらゆる危険に抗して守り抜こうとしていることもまた、心理学的な必然として捉えられるべきではないだろうか。

同じく、手に「あかり」をもっているからこそ「影入道」に脅かされるという「自己矛盾」もまた、ただ単に解消されるべきものなのではないのだろう。むしろ、われわれはそれもまた一つの心理学的な必然として捉え、そのような「受苦」のなかに身を投げ入れていかねばならない。言い換えれば、この夢を単に構造的に捉えて、あるいは「外側」から眺めて、自分が手に「あかり」をもっているからこそ、「影入道」を生み出すことになるのだから、その「あかり」を必死になって守り抜こうとするのは無駄なことであるとだけ考えるなら、そのような態度もまた非心理学的である、ということだ。なぜなら、心理学的な理解とは、常に「内側」からもたらされるべきものであるからだ。比喩的に言えば、われわれは魂という迷宮を外から眺めているのではなく、すでにそのなかにいるのである。

この「影入道の夢」でのユングは確かに、魂に欺かれ、「自己矛盾」に陥っていた。しかし、逆に言えば、魂を外から眺めるのではなく、そのように、魂に巻き込まれ、騙されているからこそ、魂はその多面的で複雑な本質をユングの眼前に開示したと言えるだろう。その意味で、ここでのユングは、巻き込まれ、そして騙されなければならなかった。つまり、そこでは、魂に欺かれ、「内的分裂」や「自己矛盾」に陥ることを通してだけ、本当の意味での心理学的な理解はもたらされるのだ。

夢から覚めたユングが「この小さなあかりは私の意識であり……理解する力というのは私がもっている唯一の、そして最も偉大な宝物」であることを「知りえた」のはこのためではないだろうか。この「知る」ことこそが、この夢におけるユングにとってのイニシエーションだった。

先ほどの議論に戻るが、このような「知る」ことは、ある意味で「自然（nature）」に反する「本性（nature）」を孕んでいる。

旧約聖書の創世記における「蛇の誘惑」によく示されているように、[27]「知る」ことはすなわち、すべてがそこにある「楽園」からの放逐、あるいはその喪失を意味していた。アダムとイブは、蛇にそそのかされて、禁断の「知恵の実」を口にし、そのことによって、自分たちが衣服を身に着けていないことを「知る」。そして彼らは、その「恥じらい」のゆえ、「神」の足音から身を隠すようになり、結果、「楽園」から放逐されるのだ。

同じように、「近代」において、「知る」こと、すなわち、「自然」からも「神」からも切り離され、いわゆる近代的な「個」が確立されようとしたことと、以前は自らを取り囲み、すべてがそこにあった神話的世界が完全に失われたこととは、一つの本質の二つの側面である。その意味で、人間にとって「知る」ことが、自らの存在の基盤を形成する最も重要な「本性」となったとも言えるだろう。

今や「信じる」ことではなく、「知る」ことこそが、人間にとって最も「自然な営み」となる。十六世紀末から十七世紀半ばに生きたデカルト（Descartes, R.）の「方法的懐疑」や「われ思う、ゆえにわれあり（*Cogito ergo sum*）」という言葉には、すでにこのことがよく表現されている。

このように、「近代」における「自然」は、それ以前の「自然」とは異なり、「自然に反する自然」であった。このことは、ユングが後半生をかけて研究した錬金術における「自然」に対する考えとも通ずるところがある。錬金術師たちにとっての「自然」は、単なる「自然」ではなく、「諸自然を征服する自然[28]」を意味していたのだ。

錬金術師たちは、自らの作業を「自然に反する作業（*opus contra naturam*）[29]」であると考えていたが、今述べた意味では、その「自然に反する作業」もまた、「自然」であった。そして、「近代」という時代と不可分に結びついた心理学における「自然」もまた、「自然に反する自然」なのであり、そこで行われる心理療法もまた、「近代」における「自然な作業」としての「自然に反する作業」であった。ユングが錬金術研究を通して得たのは、このような弁証法的な論理であったように筆者には思える[30]。

そして、この点では、ユング派の分析家ギーゲリッヒ（Giegerich, W.）が、心理療法は通常の意味での「援助職（helping profession）」ではなく、その「端的な目的は『分析（analysis）』である。すなわち、それは認識を獲得することであり、心理学的な諸現象の最も奥底にある核を看破することによって、そして、それらを理解することによって、それら諸現象に公正に対処することなのである[31]」と述べていることは非常に重要であろう。

なぜなら、この「影入道の夢」でユングが「強風に逆らい、ゆっくりと苦労しながら歩を進めていた」ように、「自然」に逆らい、「内的分裂」を生み出すことこそが、近代人にとっての、そして、「近代」に生まれた心理学にとっての「自然」なのであり、そこで自らを待っている「自己矛盾」を避けるのではなく、そのような「受苦」のなかに身を投げ入れ、心理学的な認識を獲得することこそが、心理療法の「目的」、すなわち、「分析」であるからだ。

分析心理学における「個性化」もまた、このような近代人にとって不可避的な「受苦」やそこに身を投げ入れることによってだけ可能な「心理学的な認識」に深くかかわる概念であった。

5　心理学と「近代」

中世にその絶頂期を迎えたものではあるが、「自然」を「諸自然を征服する自然」と捉え、自分たちの作業を「自然に反する作業」であると考えた錬金術師たちの思想のなかには、まぎれもなく、「近代」に通じる何かが含まれていた。

このような「近代性（modernity）」こそが、心理学者ユングをしてその研究に駆り立てたようにも筆者には思える。ユングは、錬金術と出会った当時のことを次のように述べている。


錬金術師たちの体験はある意味で私の体験であり、彼らの世界は私の世界でもあった。言うまでもなく、このことは重大な発見であった。つまり、私は、自身の無意識の心理学の歴史的相対物に出会ったのだ。錬金術との比較対照可能性と、グノーシス主義に遡る絶えざる知識の連鎖は、私の心理学に血肉を与えた。(32)

先に「アダムとイブ」の挿話についてなされた議論との関連で言えば、錬金術に出会う以前、一九一八年から一九二六年にかけて、ユングがこの引用にもあるグノーシス主義の研究に取り組んでいたことはたいへん興味深い。なぜなら、彼がとりわけ熱意をもって研究したのは、グノーシス主義のなかでも、二世紀に隆盛を極めた「拝蛇教」と呼ばれる一派の教義だったからだ。その名前からもわかるように、「拝蛇教」において、蛇は中心となる神格であり、人間の前触れである。[33]つまり、拝蛇教徒たちは、旧約聖書の価値観を転倒し、人間の精神は、元来は未知である神から派生したものだという秘密の「知恵」を人（アダムとイブ）に授けたという理由で、蛇を自らの精神的・霊的原理と見なしたのだ。[34]

このようなグノーシス主義と心理学との間に、ユングは多く共通点を見出し、その心理学的意義を十分に認めていた。[35]ここで述べたようなグノーシス主義から錬金術へと連なる思想の連鎖のなかに、ユングが心理学との共通点として見出していたのは、先にも述べた他ならぬ「近代性」であったのではないだろうか。

既述のように、それは「知る」こと、あるいは、「近代の意識」の確立と深いかかわりがあるように思える。むろん、「前近代」の人間も意識はもっていたが、序章でも述べたように、「近代の意識」の特異性は、それが自らを反省する意識、すなわち、意識に対する意識であるという点にある。それゆえ、「解離」は、第7章で詳しく論じるが、十九世紀の心理学がこの「近代の意識」の特異性を説明するために生み出した概念であったとも言えるだろう。なぜなら、意識に対する意識は、「意識する自己」と「意識される自己」との間の「解離」を絶え間なく生み出すからだ。

このように考えると、心理学が「近代」になって生まれたのは、決して偶然ではなく、必然であったと言えるだろう。つまり、心理学の必要性は、自らの意識を省察する意識としての「近代の意識」が、それまでの「自然」との、あるいは「神」とのつながりを立ち切ることによって初めて生じたのであり、その意味では、心理学は「前近代」には決して成立しえない学問だった。

今述べた意味で、心理学は、他のいかなる学問にも還元されえない、「近代」という時代における新しい学問だった。本章の冒頭で引用したように、ユングは「一つの心理学的なプロセスを説明するのはもう一つの別の心理学的なプロセスでなければならない[36]」と述べたが、このような心理学の特異性が、意識に対する意識としての「近代の意識」のそれとパラレルであることは明らかであろう。「こころだけがこころを観察できる[37]」というユングの言葉が示すように、心理学の本質は極めてウロボロス的である。

けれども、いわゆる「近代」の合理主義精神は、自らが成立している前提である「解離」を否認し、このようなウロボロス的な本質をもつ心理学を非科学的で不毛な学問と見なすようになった。むろん、ユングのなかにもこのような合理主義精神はあって、だからこそ、彼は、自らの中年期の心的危機のなか、自らの心理学を確立する過程で、先の引用にもあった「自身の無意識の心理学の歴史的相対物」を見出さねばならなかったのだろう。グノーシス主義や錬金術との出会いが意味したのは、彼が「自らの内的体験が歴史的にも予示されていたものであるという確証[38]」

を得ることだったのである。

ユングは、錬金術の研究に没頭し始めた当初、「そうだったのか！　私は最初から錬金術の研究をするべく運命づけられていたんだ」[39]という直感に撃たれたという。この意味では、本章でとりあげた「影入道の夢」を見たユングは、最初から心理学を研究するべく運命づけられていたと言えるのかもしれない。彼はこの時すでに、自らの「内的分裂」は自らによって生み出されるという「自己矛盾」を孕む「近代の意識」の本質を「知っていた」からだ。

このような認識は極めて心理学的なものであり、その意味で、彼は自らの生きた時代の「先駆け」であった。このことは、この「影入道の夢」の第一文、「夜、どこか知らない場所にいる」にもよく示されていたように筆者には思える。

後に心理学者としてのユングが、グノーシス主義や錬金術の研究を通して成し遂げようとしたのは、ある見方をすれば、「前近代」のなかに「近代」を見出すことであり、そのことによって、ユングは逆説的に、「近代」という時代精神によって排除されてきた「前近代」の神話的なイメージの世界をわれわれの眼前に生き生きと再構成し、心理学の新しい理論的地平を切り開くことになったと言えるだろう。

このことは、フロイトがあくまで、「近代」の合理的精神に基づき、精神分析を「科学」の一分野とすることを目論んだのとは対照をなしている。次章でも述べるように、ユングはいかなる意味においてもフロイトの分派ではなかったのである。

(1) 本章は以下の別稿に加筆修正を施したものである。田中康裕「近代的意識の本質――ユングの『影入道の夢』の分析を通して」矢野智司・桑原知子編『臨床の知――臨床心理学と教育人間学からの問い』創元社、二〇一〇年、七五―九五頁。
(2) CW6, par.855.
(3) *ibid.*, par.857.
(4) *MDR*, p.108.
(5) *ibid.*, p.104.
(6) *ibid.*, p.107.
(7) *ibid.*, p.108.
(8) *ibid.*
(9) *ibid.*, p.32.
(10) *ibid.*, p.25.
(11) *ibid.*, p.38.
(12) 田中康裕『魂のロジック――ユング心理学の神経症とその概念構成をめぐって』日本評論社、二〇〇一年、一九頁以下。
(13) *MDR*, p.38.
(14) *ibid.*, p.50.
(15) *ibid.*, p.61.
(16) *ibid.*, p.51.
(17) *ibid.*, p.90.
(18) *ibid.*, pp.86-87.
(19) *ibid.*, p.127.
(20) *ibid.*, p.121.

(21) *ibid.*
(22) *ibid.*, p.121.
(23) *ibid.*, p.109.
(24) Jung, C.G. (1968). Approaching the unconscious. In *Man and His Symbols*. New York: Laurel, pp.5-6.
(25) Giegerich, W. (1994). *Animus-Psychologie*. Frankfurt am Main: Peter Lang, p.270.
(26) 田中康裕「参入と分割――イニシエーションの新しい在り方とそこでの垂直方向の『渡渉』について」『大正大学カウンセリング研究所紀要』第二五号、二〇〇二年、六四頁以下。
(27)『聖書　新共同訳』日本聖書協会、一九八九年、三―五頁。
(28) CW12, par.472.
(29) CW13, par.414.
(30) 田中康裕「分析心理学における錬金術のイメージと論理」河合隼雄編『心理療法とイメージ』岩波書店、二〇〇〇年、一四二頁以下。
(31) Giegerich, W. (1996). The opposition of "individual" and "collective": Psychology's basic fault. *Harvest*, 42, 8-9.
(32) *MDR*, p.231.
(33) CW9-ii, pars.311 and 367.
(34) Jonas, H. (1964). *The Gnostic Religion: The Message of the Alien God and the Beginnings of Christianity*. Boston: Beacon Press, p.93.
(35) *MDR*, p.226.
(36) CW6, par.855.
(37) CW9-i, par.384.
(38) *MDR*, p.226.
(39) *ibid.*, p.231.

第3章 神話的世界の埋葬——家の夢

前章末において、筆者は、ユング（Jung, C.G.）が「前近代」のなかに「近代」を見出すことを通して、「近代」という時代精神によって排除されてきた「前近代」の神話的なイメージの世界を逆説的にわれわれの眼前に生き生きと再構成し、心理学の新しい理論的地平を切り開くことになったと述べたが、本章においては、そのことが「家の夢」の解釈を通して新たに問い直される。結論を先取りすれば、ユングが自らの心理学を通して成し遂げようとしたことは、「神話的世界の復活」ではなく、その「埋葬」だったのではないか、ということである。次章でさらに明らかになることと思うが、それは、「近代」という時代精神が「深層心理学」、あるいは「無意識の心理学」を通して、「前近代」との間で実現した一つの妥協形成でもあった。

1　家の夢

本章で取り上げる「家の夢」とは、次のような夢である。

私は見知らぬ二階建ての家のなかにいる。それは「私の家」だった。私は自分が上の階にいることに気づく。そこはロココ調の素晴らしい家具を備えたある種のサロンだった。壁には多くの貴重な古い絵画が掛けられている。私はこれが私の家なのかと訝ったが、「まぁ悪くない」と思い直す。しかしその時、そう言えば、下の階はどんな具合なのか知らないなぁ、ということに思い当たる。階段で私は一階に下りる。そこではすべてがより古く、この家のこの部分は約十五、六世紀につくられたものに違いないと私は感じる。取りつけられた家具は中世風で、床は赤レンガでできていた。全体的に薄暗く、「今、本当に家の全体を調べなければ」と思いながら、私はそれぞれの部屋を見て回った。私はある重い扉に出くわし、それを開いた。扉の向こうに、セラーに続く石の階段を見つけ、再び下りて行くと、極めて古代的な感じのする美しい丸天井づくりの部屋に自分がいることがわかった。壁を調べてみると、通常の石のブロックのなかにいくつかのレンガの層と、モルタルのなかにレンガの欠片があるのが見つかった。それを見てすぐに私には、この壁がローマ時代のものだということがわかった。興味はますます強まり、私は床をさらに入念に調べた。床は石板でできていて、そのなかの一枚にわっかがついているのを見つけた。それを引っ張ると石板がもち上がり、またもやそこには深部に下りて行く狭い石の階段があった。私は下りて行き、岩に切り込まれた天井の低い洞穴のなかに入った。床には厚い埃の層ができていて、その埃のなかにバラバラになった骨や壊れた陶器類が原始の文化の名残のように散乱していた。私はそこで人間の頭蓋骨を二つ見つけた。それらは明らかに非常に古く、半ば崩れかけていた。そこで私は目を覚ました。(1)

ユングがこの夢を見たのは、一九〇九年にフロイト（Freud, S.）と共にアメリカのクラーク大学に講演旅行をした最中のことだったという。

ここではまず、そのフロイトとユングの関係について振り返っておこう。

2　フロイトとの出会いと連想実験

『自伝』によれば、ユングがフロイトの著書『夢判断』（一九〇〇年）を初めて手に取ったのは、一九〇〇年のことであった。その時のユングは、そこに書いてあることをまったく理解できず途中で投げ出してしまっていたが、一九〇三年になってもう一度読み返し、「それらすべてがいかに私自身の考えと深いかかわりがあるかに気づいた(2)」という。当時の彼は、「精神病患者の内側では何が起こっているのか(3)」という切迫した問い突き動かされ、言語連想検査を用いた「連想実験」に熱心に取り組んでいたが、このような彼の姿勢は、彼がその時勤務していたチューリッヒ大学医学部付属のブルクヘルツリ病院の医局のなかでさえ「異端」であった（当時の主任教授は、クレペリン（Kraepelin, E.）の「早発性痴呆」に代わる「精神分裂病」の概念を後に提唱したことでも知られるブロイラー（Bleuler, E.）である）。二十世紀初頭の精神医学においては、何よりもまず診断が重視され、「精神疾患患者の心理学は何の役割も果たしていなかった[4]」からだ。

言語連想検査は、おおまかに言えば、①被検査者に対して百個の刺激語を提示し、反応した単語と反応時間を記録、②これらがすべて終わった後、刺激語をもう一度提示して、被検査者が前の試行で自らが反応した単語を再生できるかどうかを調べる、という手続きで行われる、今日では投影法に分類しうる心理検査である。

この種の「連想実験」は、実験心理学の父と称されるヴント（Wundt, W.）をはじめとする他の研究者によっても以前から行われていた。しかし、ユングは、それまでは単なる「反応の誤り」としか見なされず考慮されることのなかった「反応の欠如」「反応の遅れ」「固執反応」「刺激語の聞き違い」「再生の失敗」等々の「連想の混乱」に注目することで、被検査者の内的世界に生起している事象を理解しようと試みたのである。

このような「連想の混乱」は、「コンプレックス指標」とも呼ばれ、無意識内に存在する意識の働きを妨げる何らかの要因、すなわち、コンプレックスの存在を示唆するものと見なされた。そこでのユングの卓見は、このような「無意識の働き」を研究する際、連想の「内容」ではなく、主として連想の「形式」に注目した点にあると言えるだろう。

このような検査中に生じるある種の錯誤行為は、『夢判断』に続いて出版された『日常生活の精神病理学』（一九〇一年）においてより鮮明であるが、フロイトが提起した精神分析理論によって説明可能なものであった。当時の伝統的な精神医学の枠組みのなかで違和感を抱いていたユングにとって、医学の領域に初めて心理学を導入することを試みたフロイトの学説は唯一の拠り所となり、彼らは一九〇七年に初めてウィーンで直接出会うことになる。

この最初の出会いの際、彼らは十三時間休むことなく語り合ったという。しかし他方で、この最初の出会いの時から、ユングがフロイトに抱いていた感情は複雑なものであった。ユングは当時フロイトに対して抱いた印象を次のように述べている。

> フロイトは、私がそれまでに出会った人のなかで本当に重要であると感じた最初の人物だった。彼に匹敵する人物は他には誰もいなかった。彼の態度には微塵のスキもなく、私は彼が極めて知的で洞察力があり、それらすべての面で非凡であることを感じた。それでも、私の彼に対する印象はいくぶん不透明な部分をなおも残していた。私には彼のことを把握しきることができなかったのである。[5]（傍点筆者）

この「不透明な部分」という表現によく示されているように、ユングはフロイトに対して親近感とともに違和感をも抱いていた。けれども、フロイトが自分にとって「本当に重要であると感じた最初の人物」であるゆえ、ユングはそのような違和感をいったんは傍らに追いやらざるをえなかった。この点について彼自身は次のように述べている。

フロイトという人格のもとでは、私はできるだけ自分自身の判断を傍らに押しやり、自らの批判を抑圧していた。……なぜなら、私はあらゆる犠牲を払ってもフロイトと一緒に仕事をすることを、そして、まぎれもなく自己中心的な考えだが、彼の豊かな経験の恩恵にあずかることを望んでいたからだ。(6)

このような意味で、ユングはフロイトを必要としていた。しかし、このことはフロイトにとっても同様だった。当時、精神分析学はユダヤ人に固有の心理学ではなく、より普遍的な意味をもつまったく新しい学問であるということを打ち出していく必要のあったフロイトにとって、非ユダヤ人である、しかも大学に籍を置くアカデミックな精神医学者であるユングが自らの精神分析という運動に加わることはたいへん大きな意味をもっていた。むろん、ユングの秀でた能力があってのことではあるが、フロイトは彼を「皇太子」と呼んで重用し、一九一〇年に創設された国際精神分析学会の初代会長に指名している。この時、ユングは三十五歳であった。

しかし、このような蜜月は長く続かなかった。フロイトとの交流を続けるなかで、ユングは、最初の出会いの際にすでに抱いていたが、傍らに追いやらざるをえなかったフロイトに対する違和感を徐々に強く意識するように、すなわち、彼の「知」に対する態度と自分のそれとがいかに異なるものであるかを明確に認識するようになったのである。後にふれるように、一九一三年に彼らの関係は断絶するが、『自伝』によれば、その背景にあったのは、一九〇九年に共にアメリカに講演旅行をした際にユングが見たある夢をフロイトが十分に理解できなかった出来事だったという。

その夢こそが本章の冒頭に引用した「家の夢」である。

3　神話的世界への没入と精神分析運動からの離脱

すでに紹介したように、この「家の夢」のなかで、ユングは自分の家にいて、未だ見知らぬ「下の階」があることにふと思い至る。「家の全体を知らないといけない」という思いで階を降りるに従って、家の内部の様子は、「十五、六世紀につくられたもの」「ローマ時代のもの」「原始時代のもの」といった具合に時代を遡っていき、最後に行き着いた階の床には、バラバラになった骨や壊れた陶器類が原始の文化の名残のように散乱しており、彼はそこで人間の頭蓋骨を二つ見つける。

フロイトは、このような内容の夢を、自分を亡き者にしようとするユングのエディプス的（父親殺しの）願望の顕れであると断定的に解釈し非常に不機嫌になったと言われているが、ユングにとっても彼の解釈は到底満足できるものではなく、そのようなフロイトを「……フロイトの知の歴史がビュッヒナー、モレスコット、デュボア・レイモン、そしてダーウィンから始まっているという印象を受けた[7]」と批判している。

この夢はユングにとって、フロイトが解釈したような彼個人の抑圧された小児性欲に基づく願望の充足に奉仕するものではなく、以下に引用する通り、「二つの導きのイメージ[8]」であり、「個人のこころの下にある先験的で集合的なものとの初めての結びつき[9]」を示すものであった。

それ〔家の夢〕は、明らかに文化の歴史、すなわち、意識性の継続的な積み重ねの歴史の基盤を指し示すものであり、それゆえ、ある種の人間のこころの構造的な図式を構成するものだった。つまり、こころの基礎を形成しているまったくもって非個人的な性質をもつ何かを描いたものだった。[10]（傍点・括弧内筆者）

これらの言葉に明確に示されているように、この夢に描かれていた（とユングが解釈した）ものこそが、フロイトが言うところの個人の性欲に還元しうる「無意識」とは異なる、あくまでも非個人的な文化的・歴史的な層としての「集合的無意識」という概念の萌芽であったのだろう（少なくともユングはそう考えていた）。

この「家の夢」は、ユングが以前にもっていた考古学に対する興味を蘇らせ、この旅行の後、彼は多くの神話や考古学に関する書物を読むようになったという。そして、彼がそこから得た知識は徐々に形を整え、フロイトとの学問的な訣別の直接の契機となったとされる大著『変容の象徴』（一九一一―一二年）として結実する。さらに、『自伝』によれば、この本の最終章「犠牲」の終わりに近づいた時、この本の出版がこれまでのフロイトとの友情関係を台無しにすることを知るに至り、ユングは悩み抜き、二ヶ月間、筆をとることができなかったが、結局、自らの道を一人で歩む決意をしたという。そして、結果は予想した通りであり、彼はその時、「この『犠牲』という章が意味していたのは、自らの犠牲であったことを実感した[11]」と記述されている[12]。

これらの記述には、シャムダサーニ（Shamdasani, S.）によれば[13]、フロイトとユングの関係を神秘化し神話化する『自伝』の編者であるアニエラ・ヤッフェ（Jaffé, A.）の意図が反映されていたという。先にも引用したように、ユングはフロイトに最初に会った時からある種の違和感を抱いていた。一九三六年頃、ユングは未公刊の論文「フロイト学派における分立」のなかで以下のように述べている。

私はいかなる意味においてもフロイトの分派ではない。私はフロイトに会う以前から自身の科学的な態度とコンプレックス理論をもっていた。誰よりも私に影響を及ぼした師は、ブロイラーであり、ピエール・ジャネであり、テオドール・フルールノワである[14]。

序章でもふれたが、ユングは理論においても実践においても、フロイトからは完全に独立していた。この文脈で言えば、彼らは互いを自らの都合で必要としており、かつ、精神の病における心因の存在や心理療法に対する興味関心を共有していたにすぎなかったとも言えるだろう。

4　古き「異端」への傾斜と個人神話の発見

フロイトとユングの間には、埋めようがない隔たりが最初から存在していた。フロイト派の精神分析家ライクロフト（Rycroft, C.）は適切にもそれを次のように表現している。

フロイトは、精神分析が合理主義の論理的発展であり、物理学的、そして生物学的な科学の方法論の心理学への拡張であり、それ自体、今日の文化が科学的な試みに払う敬意と信望に値するものであることを示すことを企て、科学的な説明というものを重視した。……しかし他方、ユングは、無意識の心理学が十七世紀から十九世紀にかけての科学の革命的進歩が背後に退け忘れ去っていた諸々の洞察を再発見することによって構成されたものであるということを強調し、より弁証法的な手法をとった。それゆえ、彼は中世のコスモロジーとしての錬金術に興味をもったのである。(15)

ユングが実際に錬金術の研究に本格的に着手するのは一九二八年、ドイツの中国学者ヴィルへルム（Wilhelm, R.）の『黄金の華の秘密』という著書へのコメンタリー執筆を依頼されたことがきっかけだった。グノーシス主義にしても、錬金術にしても、西洋思想史の上では、とりわけキリスト教中心の視点から見れば、異端や異教と呼ばれるものである。

ユングにとってグノーシス主義や錬金術がいかなるものであったかは、前章でも述べたが、それらは古き「異端」「異教」であるからこそ、No・1人格とNo・2人格という形で、自身の内側に「近代」と「前近代」の対立や分裂を抱えたユングには大きな意味をもっていたと言えるだろう。

第一次世界大戦を前にした世界の不穏さと分かちがたく結びつく形で、「無意識との対決」とも「私の実験」とも自ら名づけた心的危機に陥り、ユングは、無心に石を積み、絵を描き、そして自らの空想を記録することで、自分自身の個人神話を見出さなければならなかった。

同じように、神話学、考古学、グノーシス主義、そして最終的には錬金術の研究を通して彼は、「自らの内的体験が歴史的にも予示されていたものであるという確証[16]」を得なければならなかった。そのような彼は、牧師の息子としての自身がとうの昔に、そしてもう何度も放逐されていたキリスト教[17]とはまったく異なる自分自身の神話を必要としていたのである。

しかしながら、このようなユングの神話的世界への没頭をわれわれは文字通りのものとして受け止めていいのだろうか。そのような他の多くの神話の研究によって、ユングは本当にキリスト教とは異なる自身の新しい神話を見出しえたのだろうか。

5　神話的世界の埋葬――「近代」という時代精神に課された課題

ユングは、一九三二年に書かれた「歴史的背景におけるジグムント・フロイト」という論文のなかで、「フロイトは十九世紀の抱えた病への一つの解答である」[18]と述べた。先に引いたライクロフトが指摘しているような方向性の違いこそあれ、このことはユングにもそのまま当てはまるように思える。その意味では、フロイトとユングは、あるいは、精神分析も含めた深層心理学という運動はそれ自体、「近代」の合理主義精神への、すなわち、「十九世紀の抱えた病への一つの解答」だったと言えるのだろう。

キリスト教以前の世界観においては、天と地の間には神話的世界が広がっていて、人間とその共同体は、神々、あるいは、荒ぶる自然に取り囲まれて暮らしていた[19]。しかし、前章でもふれたように、そのような多神教的な神話的世界は、キリスト教的一神教の神によって徐々に駆逐され、さらには、「近代」の合理主義精神によって、「教会」を通して保たれていた「神の世界」とのつながりさえも断ち切られる。

十七世紀から十八世紀にかけて、啓蒙主義の精神が生み出した「理神論」や「理性宗教」という考えには、「神の世界」それ自体を否定しようとする直接的な意図は存在しないが、そこに内包されているのは、「われわれ人間にとって重要な営みは今や、素朴に神を『信じる』ことではなく、それを自らの理性によって『知る』ことである」というテーゼであり、そのことによってまさに、われわれは神とのつながりを失い、神話的世界から完全に立ち去るべく方向づけられたのではないだろうか。

本当に神話的世界を生きている人にとっては、自らの理性によってそれを「知る」という営みは成立しえない。それはあくまで、自らが取り囲まれ埋め込まれている「コスモス（cosmos）」であって、自らに対立する「対象（object）」ではありえないからだ。そして、今述べたような、自らを神に対置し、「対象」としてそれを「知る」という営みによって、「近代」の合理主義精神の礎は堅固に築き上げられたと言えるだろう。

そのような近代の合理主義の精神の功罪については、前章でも述べたが、その「罪」ゆえ、十九世紀末から二十世紀の初頭にかけて始まった深層心理学という運動においては、そこで失われた神のイメージや神話的世界をいかにして取り戻すかということが重要な課題となった。とりわけ、分析心理学においては、このような傾向が顕著であり、そのことは、これまでに何度もふれているが、ユング自身が神話や昔話の研究、さらには、先に述べたようなグノーシス主義や錬金術の研究に多くの時間を割いたことにも如実に表れている。

だからこそ、筆者は前章末において、ユングは、「近代」の合理主義精神によって排除されてきた「前近代」の神話的世界を再び生き生きとしたものとしてわれわれの眼前に再構成することを試み、そのことによって深層心理学の新しい理論的地平を切り開いたと述べたのだが、以下に紹介する『自伝』に書かれているエピソードからは、このような見方は一面的であると言えるだろう。

そのエピソードとは、ユングの自分自身との対話であり、そのなかで「われわれはもう神話をもっていない」と彼は考えている。そして、そのような対話が行われたのは一九一三年のことで、当時の彼は、方向喪失の感覚に襲われ心的危機に陥ろうとしていた。

先にもふれたように、この心的危機は、フロイトとユングとの関係を神話化する立場からは、フロイトとの訣別に起因するものとして従来考えられてきたが、シャムダサーニによれば[20]、第一次世界大戦を前にして西欧世界に当時蔓延していた不穏な雰囲気と深くかかわっていたという。いずれにしても、ユングは次のような自問自答をしている。


「けれども、今日の人間はどのような神話に生きているのだろうか」――「キリスト教神話のなかで」というのが答えかもしれない。――「おまえはその神話のなかで生きているのか」と私のなかの何かが尋ねる。――「正直言って、答えはノーだ。それは私の生きている神話でない」――「ならば、われわれはもはや神話をもっていないのか」――「そうだ。確かにわれわれはもう神話をもっていない」――「では、おまえの神話は何か。おまえがそのなかで生きている神話は」。ここまで来ると、自分との対話は心地の悪いものとなり、私は考えるのをやめてしまった。私は袋小路に至ったのである[21]。

この自問自答は、ユングが「無意識との対決」と呼んだ心的危機の入り口にあった。そして、彼のその後の業績においても常に中核にあり続けた。また、この「問いかけ」に対するここでのユングの態度は、非常にアンビバレントである。そしておそらく、このことにも終生変わりはなかったのだろう。

しかしながら、直接意図していなかったにせよ、心的危機の最中も、その後も、自らの心理学を確立していく過程で、神話学やグノーシス主義、さらには錬金術の研究に没頭することによって、「われわれはもう神話をもっていない」ことを知っていたユングが成し遂げたのは、先に述べたような「神話的世界の復活」ではなく、その「埋葬」であったのではないだろうか。

このことは、「家の夢」の終わりに、ユングが一番下の階で見たものが、原始の文化の「名残」であり、「頭蓋骨」であったことにもよく示されている。それらを発見することは、それらを生き生きと蘇らせることを意味するのではなく、それらはもうすでに失われた過去のものであることを確認することだったように思える。

また、この夢を見た後、ユングは確かに神話や昔話を熱心に研究したが、先に述べた「理神論」の場合と同様、「対象」として神話や昔話を研究するという態度によって、自身の意図とは逆に、自らが神話的世界にもはや生きていないことを証明したのであり、「神話的世界の復活」を目指すことで、「神話的世界の埋葬」を真に成し遂げたと言えるだろう。

その意味では、先にも述べたユングのあの「問いかけ」に対するアンビバレントな態度もまた、その達成を妨げるものではなく、それに奉仕していたのであり、このような意図されたことと実際に成し遂げられたこととの反転によってだけ、「近代」という時代精神に課せられた「神話的世界の埋葬」は目論まれえたと言えるのかもしれない。

心理学者としてのユングは、そのような課題の真の担い手であったように筆者には思える。なぜなら、ギーゲリッヒ（Giegerich, W.）が述べるように、神話と心理学は互いに排他し合うものだからだ。(22)

そして、この意味で錬金術は、神話と心理学との間の「繫ぎ目」として、あるいは「裂け目」として極めて重要だった。神話とは異なり、第5章で詳しく述べるように、錬金術においては、「人間の介入が、達人と彼の仕事という像のなかに明示されており、レトルトのなかの現象やイメージといった他の焦点に加えて、そのような介入こそが注目の的となっている」、すなわち、「ある一つの思惟を思惟する際、私は主体であり、錬金術師である私がその思惟のなかに参与していること、それが私によって遂行されていることを知っている」のであり、「主体は、観察者、そしてプロセスへの能動的な参与者としての自分自身に自覚的になっている」(23)からだ。

このような錬金術、あるいは錬金術師の意識の特徴は、イマジネーションという媒体に未だ浸かってはいるものの、すでに心理学的であり、もはや神話的ではない。以前に指摘したように、(24)錬金術は、分析心理学の歴史的背景であるばかりでなく、その論理的背景だった。

自らの意識に対する意識を未だもたない神話的世界に埋め込まれた人間には心理学は必要では

ない。すなわち、心理学という学問は、ある時偶然に発見される類のものではなく、本章で述べたような「近代」という時代が、そしてその時代に生きるわれわれの精神がやはり、一つの必然として生み出したものなのである。

6　ユング以降を生きるわれわれの課題

第I部の三つの章で見てきたように、ユングは彼が生きた時代の「先駆け」だった。しかし同時に、彼にも超えられなかった「限界」がそこにはあったように思える。むろん、それは単に、彼個人の「限界」なのではなく、彼の生きた時代全体が抱える「限界」でもあったのだろう。

ユングは、第2章で取り上げた「影入道の夢」を見た当時を振り返り、「青年期〔一八九〇年頃〕、私は無意識に〔近代の〕時代精神に囚われていて、そこから抜け出す術をもたなかった[25]」（括弧内筆者）と述べているが、この超えられない「限界」は、青年期に限らず、その後のユングが生涯にわたって曝され続けたものであったように思える。

そして、このことは、彼がこの世を去る一九六一年に出版された『人間と象徴』に収められた「無意識への接近」と題された論文での以下のような記述にもよく示されている。

科学的理解が発達した結果、われわれの世界は非人間化された。もはや人は自然に包まれてはおらず、

> 自然現象との情緒的な「無意識的同一性」を失ってしまったので、人は宇宙のなかで自らが孤立していると感じる。……石や草木や動物はもう人には話しかけないし、人も聞こえると信じてそれらに話しかけることはない。人と自然とのつながりは失われてしまった。そして、それに伴って、象徴的つながりを供給していた深遠な情緒的なエネルギーもまた消え去ってしまったのである。[26]

この引用から感じられるのは、ユングのなかにあった、そして、「近代」の時代精神が抱いていた「前近代」へのある種のノスタルジーである。

ユングは、このような「限界」「現状」を乗り越えるため、自分が今生きている「近代」から時間的な隔たりをもつ「異端」としてのグノーシス主義や錬金術を、さらには、自分が今生きている「西欧」から空間的な隔たりをもつ「中国」の易経や「インド」のクンダリーニ・ヨガ、さらには「日本」の禅など、「東洋」の思想に深い関心を寄せた。

しかし同時に、「ここがロドス島だ。ここで跳べ」を自らの戒めとしていたユング[27]は、先にもふれた錬金術との出会いの端緒となったヴィルヘルムの『黄金の華の秘密』へのコメンタリーにおいて「われわれの課題は、無数の病を抱える自身の西洋文明を錬磨することである」[28]と述べ、それらが「近代」に生きる西欧人にとって本当の意味での「ロドス島」にはなりえないこともよく知っていた。

その意味で、「近代」の精神が本当に目指すべきは、単なる「前近代」への回帰ではなく、自らの内にあるそのようなノスタルジーを自覚し、西欧「近代」の特殊性についてよく吟味することだったのではないだろうか。ユングは、「前近代」へのノスタルジーを抱きつつも、そのような「作業」に取り組んだ最初の人だったように思う。

フランスの社会学者ラトゥール（Latour, B.）が言うように、「われわれは未だかつてモダン（近代的）だったことはない」。けれども、ポストモダンと言われる二十一世紀の今日となっては、しかも日本という国から考えてみた時、それが人間の精神にとって本当に必要なことなのか、それが本当に唯一の道なのか、第Ⅲ部で論じるように、われわれ心理療法家は改めて吟味しよく考えざるをえない状況に置かれている。

われわれにはもはや後戻りの道はなく、歴史は前に進んでいくしかない。そこで必要とされるのは、そのように自身の眼前に生起する事柄を絶えず心理学的に見据えていく姿勢なのだろう。

（1）*MDR*, pp.182-183.
（2）*ibid.*, pp.169-170.
（3）*ibid.*, p.135.
（4）*ibid.*
（5）*ibid.*, p.175.
（6）*ibid.*, pp.187-188.

（7）*ibid.*, p.184.

（8）*ibid.*, p.185.

（9）*ibid.*

（10）*ibid.*

（11）*ibid.*, pp.191-192.

（12）本章のここまでの記述は、以下の別稿とも重なる部分が多い。田中康裕「ユング」酒井明夫編『こころの科学の誕生』日本評論社、二〇〇三年、一七七―一九三頁。

（13）Shamdasani, S. (2003). *Jung and the Making of Modern Psychology: The Dream of a Science.* Cambridge: Cambridge University Press.

（14）*ibid.*, pp.92-93.

（15）Rycroft, C. (1985). *Psychoanalysis and Beyond.* Chicago: University of Chicago Press.

（16）*MDR*, p.226.

（17）第1章で述べたように、「ファルスの夢」を見た当時から、ユングは、いわゆるオーソドックスなキリスト教に本能的な違和感を抱いていたのだろう。それは、牧師である父への「三位一体」についての問いかけとその答えに対する失望、彼自身の堅信礼の時のミサに用いられるパンやワインについての脱神話化、さらには、聖堂に糞便が降り注ぐヴィジョン等によく示されている。このように、ユングは何度もキリスト教から放逐されていたが、それにもかかわらず、被分析者たちにはそれぞれが彼の『赤の書』を真似てつくり、それを「自分の教会――自分の聖堂――あなたが再生を見出すあなたの精神の静寂の場」（訳書二三二―二三三頁）として活用することを勧めていた。Shamdasani, S. (2009). Liber Novus: The "Red Book" of C. G. Jung. In C.G. Jung, *The Red Book.* New York: Norton, pp.195-221.（田中康裕訳「序論」C・G・ユング（河合俊雄監訳）『赤の書』創元社、二〇一〇年、一九五―二三〇頁。）

（18）CW17, par.52.

（19）Giegerich, W. (1985). Das Bergraebnis der Seele in die technische Zivilisation. *Eranos 52-1983*, 211-276. (The burial of the soul in technological civilization. In *Technology and the Soul.* New Orleans: Spring Journal Publication, 2007, pp.155-211.)

（20）Shamdasani (2009). *op.cit.*

（21）*MDR*, p.195.
（22）Giegerich, W. (1999). The "Patriarchal Neglect of the Feminine Principle" : A psychological fallacy in Jungian theory. *Harvest*, 45, 7-30.
（23）Giegerich, W. (1998). *The Soul's Logical Life: Towards a Rigorous Notion of Psychology*. Frankfurt am Main: Peter Lang, p.136.
（24）田中康裕『魂のロジック——ユング心理学の神経症とその概念構成をめぐって』日本評論社、二〇〇一年、六五頁以下。
（25）*MDR*, p.263.
（26）Jung, C.G. (1968). Approaching the unconscious. In *Man and His Symbols*. New York: Laurel, p.85.
（27）cf. *MDR*, p.214.
（28）CW 13, par.5.

第II部

心理療法における「近代」と「前近代」

第4章　心理療法の始まりと「意味の病」[1]

1　近代の心理療法と近代以前の呪術・シャーマニズム

十九世紀末から二十世紀初頭にかけて起こった深層心理学という運動を通して、われわれは心理療法という精神の「病の意味」を探究するための新たな道具を手にした。

エレンベルガー（Ellenberger, H. F.）が『無意識の発見』（一九七〇年）[2]で述べたように、このような心理療法と近代以前の呪術やシャーマニズムにおける治療には多くの共通点があるが、ある見方をすれば、それは主として、「意味」をめぐるものであるとも言えるだろう。なぜなら、シャーマニズムにおける治療は、本人、家族、あるいは共同体にとって了解不能な「病」という事態を何らかの「意味」あるものへと変換する装置であり、それ自体「意味」の生成する場であったからだ。

そこでは、「魂の忘失」や「疾病物体の侵入」に病の原因は求められ、失われた「魂」を実際に奪還することや、「疾病物体」を実際に摘出することが試みられたわけだが、このような治療が機能し、「意味」が生成されるためには、ギリシア神話のオケアヌスやゲルマン神話のミトガルトの蛇に徴されているように、われわれが完全にそのような神話的世界に取り囲まれ埋め込まれていること、すなわち、ギーゲリッヒ（Giegerich, W.）が言う「絶対的な内側性（absolute in-ness）[3]」が不可欠の前提だった。

言い換えれば、「アニミズム（animism）」という概念にもよく示されているように、そこは最初から、「意味」の充溢した世界であり、「意味」はあえて探そうとしなくても、すでにそこにあった。だからこそ、そのような治療を通して「意味」は生成されえたのであり、後にもふれるように、この点においては、シャーマニズムと現代の心理療法には画然とした相違があると言えるだろう。

2 「病の意味」と二つのブラックボックス

このように、シャーマニズムにおける治療では、何らかの形で「病」の原因となるものを特定化・実体化し、それを「操作」するという手法がとられる。

しかし、これはシャーマニズムだけに特徴的なことなのではなく、同様のことは、祓魔術、磁気術、催眠術、深層心理学に基づく心理療法の諸学派、さらには近代精神医学による治療にも当てはまり、その意味でこれらは、「一つの連続体」を形成している。

十九世紀中葉の精神医学者グリージンガー（Griesinger, W.）が提起した「あらゆる精神障害は脳病である」というテーゼを近代合理主義精神に基づく精神障害理解を代表するものと考えるなら、「動物磁気（animal magnetism）」の概念を用いて様々な病理現象の説明を試みた「磁気術＝メスメリズム」は、そのような近代合理主義的精神医学と近代以前のシャーマニズムの伝統との間の中間的・移行的なステータスを有していたと見なすこともできる（このanimal magnetismについて、中井久夫が「アニマ（心的）磁気の方が正しいと思うが[4]」と述べていることは、本章での後の議論との関連では非常に示唆に富む）。

このグリージンガーの説に代表される「脳神話[5]」は、その後の精神医学においても中心的な位置を占めることになるが、他方、そのような伝統的な精神医学以外の分野では、十九世紀後半以降、神経学者シャルコー（Charcot, J-M.）を代表とするサルペトリエール学派の催眠を用いたヒステリーの治療や、そのシャルコーのもとに留学した神経科医フロイト（Freud, S.）が自国に戻り内科医ブロイアー（Breuer, J.）と共同で行ったヒステリーについての研究等を通して、精神の病の要因として「心因」が仮定されるようになったことは、序章ですでに述べた通りである。

しかしながら、このような「心因」や、それを仮説推論的に云々する「力動論」と呼ばれる立場は、「脳神話」に依拠する近代合理主義的精神医学の潮流と対立するだけでなく、それと並列してもいることには注意を払う必要がある。一見すると別々に見えるこれら二つの潮流は、実際には一枚のコインの表裏であるからだ。

つまり、一方では、「脳神話」と呼ばれるように、その構造や働きは極めて複雑かつ特異的であるとしても、「脳」という特定の身体部位に還元することで、他方では、「無意識」という作業仮説を導入した深層心理学の立場に代表されるように、われわれの「心」にそのような未知なる領域、あるいは不可知のプロセス、つまりは「ブラックボックス」を仮定することで、双方とも、精神の病というわれわれにとって了解しがたいものにある種の「実体」を付与しようとしたのである（そこに共通するのは、ある種の「神話化」「神秘化」であり、後述する「アニマ」の強い働きがあるように思える）。

3　無意識の発明

他方で、「意味」はそれ自体、十九世紀以降、最も注目されたトピックであり、哲学、宗教学、心理学等の様々な学問領域で、「意味の喪失」「意味の探究」「人生の意味」等の様々な形で議論されてきた。[6]

言うまでもなく、このような時代の趨勢に深層心理学もまた否応なく取り込まれており、おそらく、その一つの顕著な表れが「無意識」という概念であろう。

先にもふれたエレンベルガーの『無意識の発見』は確かに記念碑的な著作であるが、「無意識」は本当にそのように「発見」されたのだろうか。むしろ、それは、「発見」されたというよりも、深層心理学の側の何らかの必要性によって「発明」されたのではないだろうか。そして、そのような「無意識」という心的プロセスを仮定した深層心理学による精神の病の「意味の探究」は、上記のように、十九世紀以降、われわれが直面した自らの人生における「意味の喪失」と呼応しており、それ自体何らかの問題を孕んでいるのではないだろうか。

本節では、フロイト、ユング（Jung, C.G.）、さらにユングの考えの一部を継承し発展させたヒルマン（Hillman, J.）、これら三者の立場や見解を「意味」「無意識」「現実」という言葉を鍵に考察することで、深層心理学における「無意識の発明」について論じたい。

（1）精神分析における「症状の意味」

フロイトは、『精神分析入門』（一九一七年）の「第三部　神経症総論」のなかで「症状の意味」という一講を設け、「神経症の症状には、錯誤行為や夢と同じように意味があり、患者の体験と緊密なかかわりがある」[7]（傍点筆者）と述べている。

この記述からもわかるように、ここでのフロイトは、『夢判断』（一九〇〇年）や『日常生活の精神病理』（一九〇一年）において示された、従来は「無意味」であると片づけられていたものに「意味」を読み取る、という態度を「神経症の症状」にも適用しようとしている。「無意識」は、このような「無意味」のなかから「意味」を濾過・抽出する仕掛けであった。

このことは、次講「外傷への固着——無意識」の以下の言葉により明確に示されている。

> ある一つの症状に出くわす時には常に、その症状の意味を内包する特定の無意識的な過程がその患者のなかには存在していることをわれわれは推測しうる。しかし同時に、その症状が発現しうるには、その症状のもつ意味が患者にとって無意識である、ということも必要なのである。[8]（傍点筆者）

このように、患者のなかに自らの症状の「意味」を内包しつつ存在し、かつ患者自身によっては意識されていない心的過程、すなわち、「無意識」を仮定することで、精神分析は無限にわれわれを包み込んでいく装置となった。

このことは、精神分析をしばしば揶揄して言われることだが、以下のような事柄にもよく示されている。すなわち、分析家がある解釈をし、患者がそれを受け入れた場合、その解釈はヒットしたと考え、逆にそれを否定した場合、それは「抵抗」であり、患者がそのような解釈が孕む考えに「無意識」である証左だと考える。そうだとすると、いずれにしても、そして、どのようにしても、患者は精神分析の「内側」から抜け出すことができないことになる。

しかしながら、このような「無意識」という仮説の導入によって人為的に創り出された「内側性」は、単に揶揄されるべきものではなく、むしろ、本章の冒頭でシャーマニズムについて述べたことからもわかるように、精神分析において「意味」が生成し、「治癒」が生起する要因でもあった。また、このような「無意識」という概念はそれ自体、その「包み込み」や「内側性」によって患者を何も知らない無垢の状態に留めることになるのだろう。

言い換えれば、精神分析を開始するに当たって、患者は自らが悩まされている「症状の意味」について無知でなければならない。この文脈で言えば、フロイトは「神経症は一種の無知、すなわち、知っているべきはずの心的事象を知らないでいることの結果である(9)」と述べたが、そのような「無知」は、患者個人が天然自然に陥っている状態というだけでなく、精神分析という設えが患者に強いている、あるいは要請している状態である、ということになるだろう。

このように、精神分析は、患者に未だ「意識」されていない心的過程としての「無意識」を仮定することで「内側性」を創り出すことに成功したわけだが、それは主として、治療の「形式」にかかわっていた。周知のように、フロイト独自の治療の設定は「背面法」と呼ばれるものであったが、そこでは、寝椅子に横たわって自由連想をする「意識」としての患者とそれを「背後」に座って聴いている「無意識」としての治療者という図式が最初から設えられているからだ。そのようなセッティングにおいては、治療者から発せられる言葉は、それがどのような目的をもつものであっても、すなわち、解釈であれ直面化であれ共感的支持であれ、「意識」としての患者にとっては、「無意識」からの語りかけに他ならない(10)。

だからこそ、患者は様々な心的内容を治療者に投影し、そこに生起する「転移」という現象を治療者の解釈を通して徹底操作することで、すなわち、そこに秘められた「意味」を白日のもとに曝すことで、「治癒」はもたらされる、という想定が可能だったのである。

（2）ユングの「無意識の心理学」

前項では主として、精神分析のもつ治療の「形式」とのかかわりで論じたが、この「無限の包み込み」や「内側性」は、そのような「形式」の側面にだけかかわっているのではなく、「無意識」それ自体の在り方にも深くかかわっている。そして、そのような「無意識」の在り方を強調したのがユングである。

フロイトとユングは、「無意識」についての考え方の相違から袂を分かつことになったと言われていて、それは確かに一つの真実だろう。しかし、別の見方をすれば、フロイトのもっぱら個人の性欲に還元しうる「無意識」から、ユングのすべてをその内側に無限に包含する非個人的な文化的・歴史的な層としての「無意識」へという転換は、深層心理学というプロジェクトがその完結へと向かう一つの重要なプロセスであり、同時にそのような「無意識」という概念それ自体の自己展開であったとも言えるだろう。

その意味では、ユングが『自伝』の「プロローグ」の第一文で「私の人生は無意識の自己実現の物語である」[11]（傍点筆者）と宣言し、さらには、「私の人生は私のなしてきたこと、すなわち、科学的業績であり、両者は不可分である」[12]と述べたことには、彼自身が構築した心理学の本質がよく表れているように思える。

彼が生涯を通して積み重ねた「科学的業績」は、自身もしばしばその呼称を用いているが、「無意識の自己実現」を目論む「無意識の心理学」と呼ぶべきものだった。

すでに星々は天から落ち、われわれの最も崇高なる象徴は色あせてしまったので、神秘の生命は無意識のなかに居を移した。このことが、われわれが今日心理学をもち、無意識について語る理由である。[13]

このユングの言葉には、そのような「無意識の心理学」がどのような世界観のもとに何を目的として体系化されたのかが明示されている。すなわち、①ユングの心理学における「無意識」は、「近代」において失われた神話的世界で天上にあった神々の領域、すなわち、「あの世」「異界」が内面化されたものであり、②そのような「最も崇高なる象徴」が色あせた結果、救いようもなく単調で味気ないものとなってしまった人生に再び「神秘の生命」を吹き込むことが、「無意識の心理学」に課された使命となった、ということである。

ユングは、ロンドンの牧会心理学協会での講演で、「すべてがありふれていて、すべてが『～にすぎない』」。このことが、人々が神経症になる原因である」[14]と述べたが、先述の文脈で言えば、そのような神話的世界を失った「近代」という時代の病としての神経症は、患者が感じている人生の「意味のなさと目的のなさ」[15]のゆえに生じるものであり、「無意識の心理学」は、そのような神経症の治療にかかわる一つのプロジェクトであったと言えるだろう。

だからこそ、そこでは、近代人が人生に見出せなくなった「意味」を、すべてを自らの内側に孕んだ「無意識」に求めること、すなわち、「布置（constellation）」（「星座」の意）という概念に示されているように、天から落ちた「星々」の constellation を、「神秘の生命」を再び「無意識」に見出すことが試みられたのである。

このことは、「夢は公平で自然発生的な無意識的なこころの産物であり、意思の制御の埒外にある。それらは純粋な自然である」[16]「夢が荒唐無稽に思えることはよくあることである。しかし、こころの夜の領域からの謎に満ちたメッセージを読む感覚と才に欠けているのは明らかにわれわれの方なのだ」[17]といったユングの夢に関する見解にもよく示されている。

これらの言葉からも読み取れるように、ユングは、純粋な自然である「夢」という「こころの夜の領域からの謎に満ちたメッセージ」を理解しえないのは、「われわれの理解力の欠如」[18]のゆえであると考えていた。

マルコの福音書に語られるように、「種蒔き」の「たとえを理解できる者」にしか、「聞く耳のある者」にしか、イエスの言葉の真意は理解できない。同様に、ユングの考えに見られるのは、「夢」へのそのような「崇拝」「信仰」であり、「上方を仰ぎ見る（upward looking）」[19]態度である。ユングは自らの身を低く屈め、「夢」というあの世から到来するメッセージを一身に受け止めることで、われわれの日常に再び「意味」を、そして「神秘の生命」を宿そうとした。

このように、ユングは、古き日々人々が「星々」「神々」を上方に仰ぎ見ていた姿勢をそのまま、「無意識」や「夢」に対しても保持しようとした。別の見方をすれば、そのような姿勢を保持するために「無意識」は必要だったと言えるだろう。

つまり、深層心理学は、一方であたかも近代的であるかのように装いながら、他方で前近代的な神話的世界観を保持するために、「無意識」という「内的空間」を必要としたのである。

このような深層心理学のスタンスは、「無意識は鬼神の如き怪物ではなく、道徳的な意味においても、美的な意味においても、そして知的な判断においても、完全に中立的な自然の存在である」[20]（傍点筆者）というユングの言葉にもよく示されていたように思える。

同じ論文のなかで、ユングは、「無意識」を形容する言葉としてこの他にも、むろん否定形ではあるが、「危険な人喰い鬼」「悪魔的」等を用いている。逆説的ではあるが、「鬼神の如き怪物」でもなければ、「危険な人喰い鬼」でもなければ、「悪魔的」でもないと述べる、まさにそのことによって、ユングはそのようなものとしての「無意識」の前近代的な神話的世界観における「あの世」的属性を守ったとも言えるだろう。

今述べたような意味で、「無意識」は、「発見」されたのではなく、「発明」された。「意識的になることによって、その個人はますます孤立に脅かされる」[21]と述べたユングは、「近代」という時代に生きるわれわれがただ自分自身とだけ孤独に暮らしていて、「そこでは、意識という冷たい光のなかで世界の空虚な不毛さが星々にまで届いている」[22]ことをよく知っていた。

それゆえ、ある見方をすれば、フロイトに始まる深層心理学というプロジェクトは、そして、そこで「発明」された「無意識」という概念は、自らが従前埋め込まれていた神話的世界から放逐され人生の「意味」を喪失したわれわれが、精神の病の「意味」を内的に求めることを、そしてまさにそのことによって、そのような自らの「意識」の本性としての「孤立」「孤独」（さらに、それによって世界にもたらされる「空虚」「不毛」）を否認・回避し、一見するとそれとは判別されない形で、「絶対的な内側性」という「前近代」における自らの存在様式へのノスタルジーを謳歌することを可能にしたと言えるのではないだろうか。

これが前章の冒頭でふれた、「近代」という時代精神が深層心理学を通して、「前近代」との間で実現した妥協形成である。

（3）ヒルマンの「元型的心理学」

ここまでに述べたような深層心理学というプロジェクトは、むろんユングにおいて完結したわけではない。ユング以降の展開で重要であると思われるのは、ヒルマンの「元型的心理学」であり、ここではまず、「現実（reality）」という言葉を端緒として議論を始めたい。

周知のように、フロイトは最初、ヒステリーの病因として「性的外傷」を想定したが、治療経験を積むにつれて、それが事実というよりは、患者のファンタジーによって生み出されるものであると考えるようになった。これが、「物的現実」に対する「心的現実(23)」という着想の起源である。

ユングは、そのような「物的現実」に対立するものとしての「心的現実」を考えるのではなく、精神を欠いた「物質の内なる存在（*esse in re*）」と触知できる現実性を欠いた「知性の内なる存在（*esse in intellectu*）」の相互の均衡を保ちつつ、そこに生き生きとした結合をもたらす「第三の領域」としての「こころの内なる存在（*esse in anima*）」[24]を想定し、そのような「こころの内なる存在」こそが、「生きた現実」を生み出していると考えた。だからこそ、ユングは「こころは日々現実を生み出している。この活動はファンジーとしか表現しようがない」[25]と述べたのである。

ヒルマンはこのようなユングの考えを発展させ、われわれ人間が「イメージから世界を創造し、それを現実と呼んでいる以上、……これらのイメージはわれわれのなかにあり、同時にわれわれはその只中に住んでいる」[26]と考えた。

そのような彼の「元型的心理学」でとりわけ重要な位置を占めるのが、「アニマ」の概念である。そこでのアニマは、単なる男性の「無意識」のなかの女性像ではなく、イメージとして立ち現れるあらゆるものがアニマの顕現であり、あらゆるイメージは個人のイマジネーションを通してのみ体験される[27]。その意味では、彼の考えるアニマは、イメージの只中に飛び込み、それに身を委ねるといった態度それ自体を示しているとも言えるだろう。

このように、*esse in anima* の字義通り、「アニマの内なる存在」とも形容しうるヒルマンの思想は、「世界の魂（*anima mundi*）[28]」という概念へと収斂していく。アニマは世界それ自体であり、自然の事物だけでなく、近代の都市や科学技術にも魂は宿っている。

ヒルマン自身、唯名論の遺産であり一種の擬人化である「アニミズム」と心理学的に世界を体験する様式としての「人格化（personifying）」の違いに言及してはいるが[29]、このような「人格化」という概念をもった「元型的心理学」という運動が、いったんは精神内界に取り込まれたアニマを再び世界へと解き放つ意図をもっていたことは確かだろう。

ヒルマンはその後、「分析において自己愛的に自らを鏡に映し出すことに専心するのをやめ、窓から飛び出し世界へと開かれなければならない」という主旨の「鏡から窓へ――精神分析が患うナルシシズムを治療する」（一九八九年）[30]という講演を最後に、個人分析をやめてしまうが、このこともまた、上記のような彼の思想の展開や本章で述べた深層心理学に基づく心理療法の歴史的背景に鑑みれば、深層心理学というプロジェクトの自己実現のプロセスとして一つの必然であったように思える。

このようなヒルマンの思想は、その後のユング派分析家たちにも大きな影響を与えていて、ヨーロッパからアメリカに渡った、あるいは戻った分析家は（ヒルマン自身も含めて）、いわゆる精神の病に苦しむ患者だけではなく、身体の病、人種差別や性差別、民族紛争等も含めたより広範な問題に悩む人々に、あるいは問題それ自体に個人分析だけではなくグループ・ワークを通してもかかわるようになる。その代表がミンデル（Mindell, A.）とボスナック（Bosnak, R.）であろう。

ミンデルは、「ワールド・ワーク」という彼独自の技法を用いて、民族紛争から虐待に至るまであらゆるレベルの人間関係の紛争や対立を解決することを試みる。彼が標榜する「深層民主主義」の立場は、「心理療法は、世界から切り離された個人に焦点をあてることに固執するのをやめるとき、政治学のひとつになる」[31]という言葉によく示されている。

また、ボスナックは、自らのＨＩＶ感染者のグループに対する「ドリーム・ワーク」の実践を報告している。[32] その後、世界各国で様々な問題を対象に行われたこの「ドリーム・ワーク」は、今日では Embodied Dream Imagery として洗練され、そのような「ワーク」が人間の免疫系に及ぼす影響に関する研究にまで裾野を広げている。[33]

このような意味で、彼らの活動は面接室という狭い枠組みを超え広く世界へと開かれた新しい心理療法の在り方を提示しているとも言えるだろう。

このように、ヒルマンが先鞭をつけた「鏡から窓へ」という心理療法の潮流は、「アームチェア・サイコセラピスト（armchair psychotherapist）」という心理療法家の在り方を皮肉る表現を打破するもののように思われるかもしれないが、他方で、所詮心理療法とはそのようなものであるという自覚もわれわれには必要であろう。「世界の魂」という概念に照らして、イマジナルに詩的に美的に捉えられた都市や技術が所詮リアルな近代の都市や技術ではないのと同様、対象となる問題を広く世界に求め、実際に世界中をワークして周ったとしても、それは所詮「ワーク」でしかない。

ナルキッソスの「変容」が水面に映る自身の姿と対峙し苦悶することを通してだけ可能だったように（彼が水辺の水仙に姿を変えたというのはわれわれの、あるいは語り手の単なる「解釈」であり、彼がそこから姿を消したことこそがここでの真の「変容」であろう）、心理療法家は所詮 armchair psychotherapist でしかなく、自らの座るその armchair にさらに深く沈み込んでいくことでしか、自らを実現しえないとも言えるのである。昨今、話題になることの多い心理療法の「アウトリーチ」についても、心理療法のこのような本性と限界をよく踏まえて実践することが、筆者自身の東日本大震災後の心理支援活動の経験を考えた際にも肝要であるように思われる。[34] この点についてはまた、終章でふれることになるだろう。

また、ナルキッソスについて今述べたことは、「元型的心理学」における「無意識」の位置づけにもかかわりがある。「世界＝魂」なのであれば、内界と外界の区別はもはや必要ないし、ギーゲリッヒがユングの心理学の特徴として素描した「意識」と「無意識」として二度存在する「意識」という在り方は、[35] 換言すれば、「意識」の「鏡映」としての、あるいは、「断片化、統合不全としての無意識」[36] はもはや存在意義をもたない。「鏡から窓へ」という文脈において、ナルキッソスには水辺に留まり自らの「鏡映像《リフレクション》」と対峙し苦悩し続けることは許されず、水中へと身を投げる他に道はなかったのである。

しかし、これは決して、ヒルマンが言うような「ナルシシズムの治癒」ではありえない。むしろ、それは、フロイトやユングを経て、「反省《リフレクト》する自己」と「反省《リフレクト》される自己」との「対立」、あるいは「解離」を自らの内に包含する過程にあった心理学によるアニマへの回帰であり、「近代」における「解離」というリアルなものの否認であるように筆者には思える。

このような傾向は、ヒルマンの「病理化（pathologizing）」の概念にもよく表れている。ヒルマンによれば、「病理化が意味するのは、病気や病的状態、障害、異常、そして苦悩を自らの行いのあらゆる側面で創造し、この損なわれ苛まれた視座を通して人生を体験し想像する、こころの自律的な能力である(37)」。

このような「病理化」の概念は確かに、深層心理学において重要であるが、この引用からもわかるように、ある見方をすれば、そこでは、「病」が「視座（perspective）」として気化・蒸留されてしまっている。しかし、そのようにイマジナルに詩的に美的に「病」を捉え、その背後に神々のイメージの立ち現れを、そして、そこに隠された「意味」を「見通す（seeing through）」ことが果たして、リアルに「病」を見据えそれに襲われ捉えられていることになるのだろうか。

4　意味の病

(1) アニマとアニムス

前節で筆者が指摘した、アニマへの回帰、解離の否認という「元型的心理学」がもたらした帰結もまた、深層心理学という一つのプロジェクトの自己展開であろう。そこにはやはり、われわれの包まれていたい、そして、「近代」における「孤立した孤独な意識」の顕現という事実を否認したいという願望が表れているように思える。

映画『もののけ姫』(38)のラストシーンで「シシ神」に切り取った首を返し、いったんは荒廃した森が見かけの上では元の姿に戻るのを目の当たりにした時、主人公サンが「蘇ってもここはシシ神の森じゃない。シシ神様は死んでしまった」と言ったように、確かに「元型的心理学」はアニマを、そして「意味」を再び世界に解き放つことを試みたが、そのことによって、われわれを絶対的に取り囲んでいた「前近代」の神話的世界が蘇るわけではない。

その意味では、逆説的ではあるが、第3章でも述べたように、ユングの昔話・神話に関する研究、さらにはここに述べたヒルマンの「世界の魂」という概念は、それ自体によってそのような神話的世界を埋葬する役割を果たそうとしたように思えるのだ。

このように、アニマを、そして「意味」を偏重する形で展開してきた深層心理学のなかで（そして、そうであるからこそ）、アニマの対であり、本来、「魂」「こころ」という意味をもつにもかかわらず、傍らに押しやられていた「アニムス（animus）」の概念に注目したギーゲリッヒの論は重要であろう。

ギーゲリッヒは、前節で紹介したヒルマンのアニマに関する論を批判し発展させる形で自らの「アニムス心理学」を構築した。(39)彼は、アニマを特定の像に閉じ込めようとしないヒルマンの考えは受け入れるが、他方で、そのように過度にアニマ的な態度では魂の自己開示を捉えられないのではないか、そして、そのようなヒルマンの態度はあまりに受動的であり、そこでは、「アニマ／アニムス」という対の他方であるアニムスが忘れられているのではないかと疑問を投げかける。そのような彼の考えにおいては、アニマとアニムスの間の弁証法的・論理的な運動としてだけ魂は存在しうる。

「アニムス心理学」においては、むろん、アニムスは単なる女性の内なる男性像を意味するのではなく、むしろ、アニマが措定するイメージや像、すなわち、神話的世界を否定し反省《リフレクト》する機能のことを指している。

アニマの機能は、人格化し内容を与え色づけ、そして実在性・実体性・客体性を付与することでわれわれの眼前にある一つのゲシュタルトを構成することであり、反対に、アニムスの機能は、その後にアニマのそのような「作業（*opus*）」を認識し、それを抽象化・概念化することでそのゲシュタルトから存在を奪うことである。

このように、ここでは、内容の、イメージの、あるいはゲシュタルトの領域（アニマ）とそれを省察し、概念として理解しようとする領域（アニムス）が対置されている。これが「シジギー（*syzygy*）」のなかのアニマとアニムスであり、一方は他方の純粋なる否定なので、双方はシジギーのなかに留まらざるをえない。

言葉を換えれば、アニムスはそれ自体として実体をもたず、それゆえ、アニマを止揚することでしか自らを実現できない。だからこそ、アニムスはアニマの純粋なる否定なのである。

(2) 病に意味などあるのか？

このように、魂の営みにとってアニマとアニムス双方が必要不可欠であり、魂はそれらの間の弁証法的・論理的運動としてだけ紡ぎ出されるのだとすれば、「魂の治療」としての心理療法において、アニムスの働きが重要であることは言うまでもない。心理療法において重視すべきは、「意味」を創造しそれに身を委ね包まれようとする態度（アニマ）だけでなく、そのようなゲシュタルト自体を否定する態度（アニムス）でもあるのだ。

ここで一つの事例を示したい。

クライエントは、離人感・抑うつ感を主訴として来談した四十代前半の女性である。彼女は母親の急死後、深刻な神経症的状態に陥り、その後数年間に及ぶ彼女の体験は確かに壮絶なものであった。しかし、筆者との心理療法が進むなかで、彼女は度々その時期について回顧・回想し、「あのすごい病的な体験は私にとってどんな意味があったのか」と口にするようになる。

筆者は当初からそれを聴いていてある種の違和感を抱いていたのだが、彼女がそのように語った数回目のセッションで思い切って、「そんなにすごいものは他のものの役には立たないようにも思いますが」と伝えた。すると、彼女は弾けたように笑い、「確かにそうですね。でも、そうでも思わないとやっていられないというのもあるんですよ」と応えた。

彼女は自分が陥った深刻な神経症的状態の自分自身にとっての「意味」を懸命に見出そうとしていた。しかし、果たして神経症に「意味」などあるのだろうか。

序章でも紹介したように、ユングは、「神経症は、神経症が自我の間違った態度を片づけた時にのみ、真に除去される」[40]と述べたが、神経症から離脱しようとするまさにその時に、その神経症の自分自身にとっての「意味」を求めることもまた一つの神経症であり、最後に片づけられるべきは、そのような自我の態度なのではないだろうか。だからこそ、ユングは上の引用に続く形で、「われわれが神経症を治すのではない。神経症がわれわれを治す」と述べたのだろう。

この文脈で言えば、このような「私」にとっての「病の意味」の探究こそが、本章で筆者が「意味の病」と呼ぶものであり、それは、ここに紹介したクライエントだけでなく、先に論じたような自己展開を遂げてきた深層心理学というプロジェクトそれ自体が患っていた「病」であったように思える。

われわれは無自覚に深層心理学の諸概念を用い、ひたすらアニマ的に「病の意味」を探究することをやめ、そのような自らの行為自体をアニムス的に反省《リフレクト》しなければならない。そうでなければ、心理療法は、先に述べたような本当の意味での「魂の治療」とはなりえないからだ。

（3）心理学的差異

前項での筆者の主張は、「病には意味がない」ということではない。なぜなら、そのように「意味がない」と考えることで、われわれは結局、「意味」というものにしがみつくことになるからだ。そうではなく、筆者が主張したいのは、①「病」というのは端から、われわれにとって「意味」

があるとかないとか、そういう次元を超えているのではないか、そして、②そうであるからこそ、「病」は魂の論理的な生命の一つの顕現としてわれわれを自らの世界にイニシエートしうるのではないか、ということである。

ここで重要になるのが、「心理学的差異」の概念である。それは簡単に言えば、魂と人間との差異、あるいは区別であり、この概念を提唱したギーゲリッヒによれば、「経験的で事実的な外側から見て、そして個人としての人間にとっては痛み、屈辱、挫折であることが、内的に見て、『魂』にとって、最高の勝利であり、最大の快楽であることがありうる」[41]という。

このような「心理学的差異」の概念に照らせば、「病」はそれ自体、われわれ個人としての人間に向けられたいかなる目的ももち合わせていない。つまり、「病」は、人間のことを物語る何かなのではなく、あくまで魂が自らについて語り自らを開示する試みである。すなわち、ユングが夢や昔話を「魂の自己開示」として捉え形容したように、「病」もまた、魂が自己を表現し自己を満足させるための「形を造ったり変えたり、永遠なる精神の永遠なる遊び[42]」なのだ。

すでに述べたように、神経症という「病」は、患者が感じている人生の「意味のなさと目的のなさ」のゆえに生じるとユングは考えていた。このような彼の考えに、今日では、精神医学者や心理学者だけでなく、多くの一般の人々も共感と理解を示すことだろう。

しかし、ここに述べた「心理学的差異」を考慮に入れれば、これは、精神の「病」に対する理解の深まりを示す事柄ではなく、むしろ、自らの「孤立した孤独な意識」を補償すべく、もうすでに失われ手元には見当たらない「意味」を「病」のなかに探究することで、「無意識」へと逃避行したいというわれわれの願望の表れと考えるべきなのだろう。

ユングは、「ファンタジー・イメージは自らの必要とするものをすべて自らの内に含んでいる」(43)と述べたが、そうだとすると、必要なすべてのものを自らの内に含んでいるのは、他ならぬわれわれの「孤立した孤独な意識」でもあるのではないだろうか。そして、われわれに必要なのは、「無意識」へと、「あの世」へと字義的・逃避的に渡渉することではなく、むしろ、そのような自らの意識の本性に身を沈めることではないだろうか。

その意味で、心理療法においてわれわれは、「心理学的差異」を省みることなく、他ならぬ自らの慰めや快楽のために神経症の「症状の意味」を、「病の意味」を解釈してはならない。そうではなく、自らの本性に留まろうとする意識だけが、「病」を通して自己を開示する魂によって襲われ変えられうるからだ。「近代」という時代に生まれた心理療法におけるイニシエーションとは、そのようなものであるように思える。

5　おわりに

「病」は、「近代」において人生の「意味」を喪失したわれわれに残された「意味」の探究が許される唯一の領域だったのかもしれない。そして、心理療法はそれ自体、そのような時代の精神と不可分に結びついており、そこでの精神の「病の意味」の探究は、「近代」における「意味の病」の始まりに身を置いていた、あるいは今も置いている。

だからこそ、本章で論じてきたように、心理療法は、「魂の治療」という自らの本性に立ち戻り、「心理学的差異」に開かれる必要があるのだろう。そのためには、われわれは、ユングの説いた「批判的心理学」[44]の理念に則り、「無意識」も含めて自らの依拠する概念や理論を反省するという「作業」を常に継続しなければならない。極端な言い方をすれば、そのような営みこそが心理療法であるからだ。

（1）本章は以下の別稿に加筆修正を施したものである。田中康裕「意味の病――心理学的差異について」『精神療法』第三〇巻第四号、二〇〇四年、三七七―三八六頁。
（2）Ellenberger, H. (1970). *The Discovery of the Unconscious: The History and Evolution of Dynamic Psychiatry*. London: Fontana Press, 1994.（木村敏・中井久夫監訳『無意識の発見（上）（下）――力動精神医学発達史』弘文堂、一九八〇年。）
（3）Giegerich, W. (2004). The end of meaning and the birth of man. *Journal of Jungian Theory and Practice*, 6 (1), 1-65.
（4）中井久夫『西欧精神医学背景史』みすず書房、一九九九年。
（5）中井前掲4。
（6）Giegerich (2004). *op.cit.*
（7）*SE* 16, p.269.

（8）*ibid.*, p.279.
（9）*ibid.*, p.280.
（10）田中康裕「夢は自らの解釈である」『臨床心理学』第二巻第四号、二〇〇二年、五五五―五六〇頁。
（11）*MDR*, p.17.
（12）*ibid.*, p.249.
（13）*CW* 9-i, par.50.
（14）*CW* 18, par.627.
（15）*CW* 16, par.83.
（16）*CW* 10, par.317.
（17）*CW* 16, par.325.
（18）*ibid.*, par.319.
（19）Giegerich (2004). *op.cit.*
（20）*CW* 16, par.329.
（21）*CW* 13, par.395.
（22）*CW* 9-i, par.29.
（23）*SE* 16, p.368.
（24）*CW* 6, par.67.
（25）*ibid.*, par.78.
（26）Hillman, J. (1975). *Re-Visioning Psychology*. New York: Harper & Row, p.23.
（27）Hillman, J. (1985). *Archetypal Psychology*. Dallas: Spring Publication.（河合俊雄訳『元型的心理学』青土社、一九九三年。）
（28）Hillman, J. (1982). Anima Mundi. *Spring* 42, 71-93.
（29）Hillman (1975). *op.cit.*, pp.12-13.
（30）Hillman, J. (1989). From mirror to window: Curing psychoanalysis of its narcissism. *Spring* 49, 62-75.

（31）Mindell, A. (1995). *Sitting in the Fire: Large Group Transformation Using Conflict and Diversity*. Chicago: Lao Tse Press.（青木聡訳『紛争の心理学――融合の炎のワーク』講談社、二〇〇一年、二六五頁。）

（32）Bosnak, R. (1997). *Christopher's Dreams: Dreaming and Living with AIDS*. New York: Bantam Dell Publishing Group.（岸本寛史訳『クリストファーの夢――生と死を見つめたＨＩＶ者の夢分析』創元社、二〇〇三年。）

（33）Bosnak, R. (2007). *Embodiment: Creative Imagination in Medicine, Art and Travel*. London: Routledge.（濱田華子監訳『Ｒ・ボスナックの体現的ドリームワーク――心と体をつなぐ夢イメージ』創元社、二〇一一年。）

（34）田中康裕「石巻における震災支援活動のまとめ」『箱庭療法学研究』第二六巻特別号（震災後のこころのケア）、二〇一四年、一三―一七頁。

（35）Giegerich (2004). *op.cit.*

（36）Hillman (1975). *op.cit.*, p.26.

（37）*ibid.*, p.57.

（38）宮崎駿『もののけ姫』（ＤＶＤビデオ）スタジオジブリ、一九九七年。

（39）Giegerich, W. (1994). *Animus-Psychologie*. Frankfurt am Main: Peter Lang.

（40）CW10, par.361.

（41）Giegerich, W. (1999). Martin Luthers "Anfechtungen" und die Er-Findung der Neurose.（河合俊雄監訳「マルティン・ルターの『試練』と神経症の発明」『ギーゲリッヒ論集３　神話と意識』日本評論社、二〇〇一年、一四五―一四六頁。）

（42）CW9-i, par.400.

（43）CW14, par.749.

（44）CW10, par.350.

第5章 心理療法と錬金術の論理

1 自然に反する作業（*opus contra naturam*）

「前近代」の錬金術師たちにとって、すでに「自然」は単なる「自然」ではなく、「諸自然を征服する自然[1]」であり、そのような錬金術は、「近代」の心理学者であるユング（Jung, C.G.）にとって、神話と心理学との間の「繋ぎ目」として、あるいは「裂け目」として極めて重要だったのではないか、ということは第3章においてすでに述べた。

錬金術師たちが実際、「われらの金は卑俗なる金ならず[2]」と強調し、錬金術の過程それ自体を「自然に反する作業」と考えていたことからもわかるように、彼らにとってそれは、「自然（nature）」を「文化（culture）」に変容する手続きを意味していた。

ユングが、このような錬金術における物質の変容過程に錬金術師たちのこころの変容過程、すなわち、個性化の過程を重ね合わせていたことはよく知られているが、彼が自らの「無意識との対決」の際、「黒の書」に自分のファンタジーや夢を記録し、さらにそれを「赤の書」に装飾を施し挿絵を付して書き写し、さらには自らその解釈までしていたことから考えると、そこにある種の人格主義的な過誤があるにしても、[3]それも無理からぬことであったと言えるのだろう。

　ユングにとって、そのような自身も含めた個人のこころの変容過程は、錬金術が「われらの金」を生成することをその目標としたことが示唆するように、単に自然発生的に「自然」から寄り来るものではなく、「自然に反する作業」を通して人為的に生じせしめるものであった。そして、それもまた、「自然を文化に変容する手続き」なのであり、自身の心理学的な「理解（*intellectus*）」によって「われらの金」を生成する「作業」だったのだ。

　ユングが述べるように、われわれは自らの「理解」によって、混沌を生命の源泉である天なる精髄に変容させねばならないのであり、[4]その意味で、「自然が不完全なままに残したものをアートが完全なものにする」[5]。しかしながら、先にも引用したように、錬金術師たちにとっての「自然」が「諸自然を征服する自然」[6]であるなら、このような「自然に反する作業」もまた「自然」であるということになる。

　このように考えれば、ユングが『アイオーン』（一九五一年）のなかで、錬金術において最も重要な象徴の一つである自らの尾を咬む蛇であるウロボロスを「アートの、そして同時に自然の循環的作業の象徴[7]」（傍点筆者）と見なしたのは、このような「作業」の本質を射貫いたものだったように思われる。

錬金術、あるいは心理療法は、ユングにとってこのような意味での「自然に反する作業」だったのであり、別の言い方をすれば、それらは、「自然でもアートでもある」と（単なる）「自然でもアートでもない」という二つのテーゼの論理的な「結合（union）」だった。[8] そして、このような「結合」こそが、次節で述べるように、ユングが自らの後半生をかけて追究しようとしたものであり、その意味で、錬金術は、その後の彼の心理学の発展にとって必要なすべてを最初から含んでいたと言えるだろう。

2　結合と分離の結合

そのような錬金術の重要性は、その研究に没頭し始めた当初にユングが得た「そうだったのか！　私は最初から錬金術の研究をするべく運命づけられていたんだ[9]」という直感や、彼の全集のほぼ三分の一が錬金術に関する研究で占められ、彼の後期の研究のほとんどがそれに捧げられているという事実によって容易に裏づけられる。そして、そのような彼の後期の思想に通底していたのが、最後の大著『結合の神秘』（一九五五—五六年）の副題「錬金術における心的対立物の分離と統合に関する研究」に示されているように、「元々は一つであったが、分割されなければならなかった対立する二つのものをいかにして再び結びつけるか」というテーマであった。[10]

むろん、ここで言う「結合」は、先にも引用した後期の著作『アイオーン』における「当然、結合は逆説としてだけ理解しうる。なぜなら、対立物の結合は双方の否定としてしか考えられないからだ」[11]（傍点筆者）という言葉にもよく示されているように、単純で素朴な対立物の結合ではなく、それらの「結合と分離の結合」、あるいはその「同時性（one-ness）」としてだけ実現しうる。[12]先に「論理的」と表現したのは、今述べたような「実体」としての結合の不可能性のゆえである。

また、そこにこそユングの心理学の本質があるとも言えるのだろうが、この「結合と分離の結合」は、以下に述べるように、ユングの心理学の思想的・理論的な側面だけでなく、実践的・治療的な側面、すなわち、心理療法それ自体にも深くかかわっていた。

序章において「転移」について少しふれたが、精神分析における「転移」概念とは違い、ユング派心理療法において「転移」が意味するのは、クライエントとセラピストの個人的なレベルでの関係性というよりはむしろ、非個人的な魂のレベルでの対立物としての自己と他者の「（結合と分離の）結合」、あるいはそれらの「（結合と分離の）結合」のイメージだった。

このことは、ユング派心理療法におけるセッティングについて考えてみるとよくわかる。よく知られているように、古典的なフロイト派のセッティングは、クライエントを寝椅子に寝かせ、治療者はその背後に座る「背面法」であった。それに対して、ユング派心理療法において通常用いられるのは、「対面法」というセッティングである。

このセッティングにおいては、クライエントとセラピストは小さなテーブルを真中に挟んで対峙する形をとる。一見すると、このように、クライエントとセラピストが対等に向き合うセッティングでは、両者の関係、あるいは人間的なかかわりが重視されているように思えるかもしれないが、根底においてそれは違っている。このセッティングにおいて最も重視されているのは、一人の個人としてのクライエントでもセラピストでも、さらにはその両者の関係でもなく、両者の「間」に生起する、あるいは開示される「魂」の在り様なのだ。

フロイト（Freud,S.）と一九〇七年に初めて出会った際に転移について質問され、「それは分析におけるαでありωです」と答えたユングであったが、精神分析の当時のメッカであるタビストック・クリニックで一九三五年に行われた講義では、「転移はより一般的な投影という心理的過程の一つの特殊な形態である[13]」と述べ、さらに、『転移の心理学』（一九四七年）では、あくまでも転移を「結合」のイメージとして、あるいは象徴としてもっぱら論じるようになる。

つまり、ユングにとって、「転移」という現象は、治療関係にだけ閉じ込めるべきものではなく、あくまで錬金術的な意味での「結合と分離の結合」として見抜かれていくべきものだった。この文脈で言えば、このようなセッティングとそこで重視されている事柄との逆説的な関係もまた、ユング派心理療法の一つの大きな特徴と言えるだろう。

そのように、クライエントとセラピストがそれを真ん中に挟んで対峙する「小さなテーブル」は、次節で述べるように、錬金術の「レトルト」でもあり、そこに置かれる（入る）べきものが、〝両者の「間」に生起する、あるいは開示される「魂」の在り様〟それ自体としてのイメージである。

イメージはそのようなものとして、「結合と分離の結合」という本質をもっていた。それは、自己と他者との「間」を、すなわち、「分離」を前提としたものであり、その「間」から生み出されるものとして一つの「結合」でもあるのだ。このような心理療法におけるイメージの本性については、次々節で再び取り上げる。

ユングが全集のあちこちで言及する「客観的なこころ（objective psyche）[14]」という概念が示すように、そのようなイメージは、クライエントと治療者の「間」に置かれる「第三のもの」として、それ自体としての客観性と自律性をもっている。なぜなら、この「第三のもの」としてのイメージは、ユングが「夢と同じように、神話やおとぎ話では、魂は自分自身について語る[15]」と述べたように、「魂の自己開示」でもあるからだ。夢であろうが箱庭であろうが描画であろうが、このことに違いはなく、ユング派心理療法のなかで「イメージ」は、二者の「間」にある「レトルト」のなかで生じる現象として、何よりもそのリアリティーが尊重されるべきものなのである。

3　錬金術師の意識

そこは、「小さなテーブル」の「上」として開かれており、「レトルト」の「中」として閉じられている。しかし、その閉じられ方は、中身が見えない「器」によるものではなく、透明な「ガラス」によるものであり、クライエントとセラピストはその内側を見通すことができる[16]。

先ほども述べたように、ユングが錬金術研究に後半生を捧げたのは、一つには、錬金術師の「レトルト」に臨む意識、「レトルト」に対する錬金術師の主観性の在り方が極めて心理学的なものであることに気づいていたからだろう。

この点に関して、第3章で神話と心理学の相違について述べた際にも引用したが、ギーゲリッヒ（Giegerich, W.）は、『魂の論理的生命』という著書で「錬金術師自身の主観性は、それが神話であれば、神格や他のヌミノースな存在という観念のなかに完全に注入され投棄されてしまうのだろうが」と前置きした上で、以下のように述べている。

錬金術においては、人間の介入が、達人と彼の仕事という像のなかに明示されており、レトルトのなかの現象やイメージといった他の焦点に加えて、そのような介入こそが注目の的となっている。神話における変態や変容は、出来事として「客観的に」に描かれ、錬金術においても、変態や変容は主要なテーマであるが、それらは反省する主体によって観察された出来事なのだ。自然の出来事についての単純なレポートと、それと同じ、あるいは類似の出来事についての何者かの観察についてのレポートとの間には、根本的な構造的差異が存在している。[17]

心理療法におけるセラピストの意識もまた、それ自体が出来事にすでに介入している、あるいは、その介入をも込みにした現象へと向けられている。その意味で、それは「自然の出来事についての単純なレポート」ではありえず、「それと同じ、あるいは類似の出来事についての何者かの観察についてのレポート」であると言えるだろう。

このことは、心理療法の面接記録について考えてみてもよくわかる。言語を介すことが少ないプレイセラピーにおいてとりわけ顕著だが、その記録は、単なる「事実」ではなく、むしろ自らの言動や在り方も含めてそこで繰り広げられた出来事に対するセラピストの「解釈」であると考えるのが適切だろう。言い換えれば、そこに実現しているのは、セラピストの〝私の「主観的」能動性と「客観的」生成物との結合〟なのだ。

ある一つの思惟を思惟する際、私は主体であり、錬金術師である私がその思惟のなかに参与していること、それが私によって遂行されていることを知っている。つまり、私は、私が思惟している客観的な自然の出来事が私の反省の内容であることを知っているのだ。錬金術においては、主体は、観察者、そしてプロセスへの能動的な参与者としての自分自身に自覚的になっている。(18)

そうであるとすれば、錬金術の「第一質料」(金でないものから金をつくり出す原材料)としての「メルクリウスは同時に主観的でも客観的でもあり、自分自身のなかに達人自身の主観性をもっている」(19)ことになる。

4 「石《ラピス》」としてのイメージ

このように、錬金術の作業の始まりにある「石《ラピス》」としての「メルクリウス」は、自身の内側に物質としての現実性とわれわれの主観性の双方を包含している。第1章でも引いたが、ユングは、そのような「メルクリウス」について以下のように述べる。

メルクリウスは作業の始まりと終わりに立っている。メルクリウスは「第一質料」であり、「鳥の頭(*caput corvi*)」であり、ニグレドである。メルクリウスは竜として自らを呑み込み、竜として死に、石となって蘇る。……メルクリウスは、金属であって同時に液体であり、物質であって同時に精神であり、冷たいが同時に燃えており、毒であって同時に妙薬である。すなわち、メルクリウスはあらゆる対立物の結合の象徴なのである。[20]

このような特徴によって、メルクリウスは「すぐれて両義的なメルクリウス」「二重のメルクリウス」とも呼ばれ、その本質は「水銀」「永遠の水」のように捉えがたく、「かの逃亡するメルクリウス」として捕まえようとすれば常にその手から逃れていくと考えられていた。[21]

その意味で、ここでの「石《ラピス》」は、単なる物質としての固体の石では決してなく、すぐれて液体的・流動的で、かつ精神的であり、その意味で「石でない石」だったと言えるだろう。そこには、自然で素朴なイメージの処女性に対して反省《リフレクション》（＝「でない」）によって与えられた裂け目や傷が刻まれている。(22)

ユング派心理療法における「イメージ」は、このような錬金術における「第一質料」であり同時に「最終生成物」でもあり、自らの内側に錬金術師自身の主観性をもっている「メルクリウス」、すなわち、「石《ラピス》」と等価であるように思える。

心理療法というある意味で不自然な設え（時間・場所・料金・頻度）のさらに内側で、クライエントとセラピストという二者の間に置かれた「レトルト」に立ち現れる夢・箱庭・描画等の「イメージ」はもはや、天然自然の素朴なイメージではない。それは「第三のもの」として、異質なものとして外側からではなく、自身の内側から到来する「裂け目」を抱えているからだ。

この文脈で言えば、夢であれ、箱庭であれ、描画であれ、クライエントが一人で記録したり制作したりするのではなく、それをセラピストに報告したり、セラピストがそれを制作する場に立ち会ったり、セラピストと共にそれを眺めたりすることによって、そこでの「イメージ」は、そのような「傷」や「裂け目」を抱えたものとなり、そのような自己否定にこそ、反省《リフレクション》の契機は開かれると言えるだろう。(23)先にも述べた通り、このような「イメージ」は、クライエントとセラピスト、二者の「分離」を前提としたものであり、その「間」から生み出されるものとして一つの「結合」でもあるのだ。

そして、錬金術師たちが説くところによると、「作業（*opus*）」のための「石《ラピス》」となりうる石は世界のいたるところにある。ユングはそのような「石《ラピス》」の「遍在性（ubiquity）」について、錬金術のテキストを引きつつ、「石は汝の足元にあり、傍らにあり、上にあり、周りにある[24]」、あるいは「それ〔第一質料〕は、ゴミのように無価値で、どこででも手に入る。ただ、そのことを誰も知らないだけである[25]」（括弧内筆者）と述べる。

このように、「石《ラピス》」は世界のいたるところに転がっているが、同時にその在り処を知った上で探さなければ、決して見つけることはできない。ユングの高弟の一人で、特に彼の錬金術研究への文献学的な面での貢献が大きかったフォン・フランツ（von Franz, M-L.）は、「ユングの最も偉大な技は、そのようなゴミ（garbage）に耳を傾け、奇妙なほどに動ぜず、……そこから神の手を抽出できた点にある[26]」と述べた。

先にも述べたように、夢、箱庭、描画等のイメージ表現は、ユング派心理療法において何よりも尊重されるべきもの、すなわち、その「第一質料」「石《ラピス》」であり、セラピーのいたるところに存在しうるが、セラピストの意識の関与がなければ、それらはただの「ゴミ」にもなりうる。

フロイトの日常生活における「錯誤行為」への着目やユングの連想実験における連想の「失敗」への着目がそうであるように、深層心理学は、そのような「ゴミ」に注目することで成立した学問であると言えるだろう。そのような意味で、「石《ラピス》」は天然自然に授かるものではなく、主体的に自ら見出そうとするわれわれセラピストの意識に応じて到来するものでもあると言えるだろう。

ユングは、『哲学者の薔薇園』という錬金術のテキストから、「石《ラピス》」が錬金術師に「私を守って下さい。そうすれば私はあなたを守るでしょう。私にあなたを守る使命を与えて下さい(27)」と請う件を引用しているが、そのように、セラピストは〝「石《ラピス》」としてのイメージ〟を守り、それに使命を与えなければならないのだ。

5　汝の内以外に汝の救いなし――眼前の「レトルト」への専心

セラピストは、そのようにして主体的に見出した「石《ラピス》」に、主体的にコミットすることが何よりもまず求められる。

夢であれ、箱庭であれ、描画であれ、さらには、一つの症状であれ、クライエントの語りであれ、訴えであれ、問題であれ、今手元にある一つの現象が「レトルト」のなかにあり、私が心理療法家である限り、私は私の周囲にある他のすべてのものに背を向け、その「レトルト」に向き合う義務がある。(28)

ユングは、これに通ずる錬金術師たちの態度について、「汝の求める一なるものをつくり出そうとするならば、まず汝自身をもとにして一なるものをつくり出さねばならない(29)」、あるいは、「あれやこれやを見ていては一なるものは見出せない。一切を無視して汝の目を内に向けなければならない。そして汝自身をも忘れ、失うことができれば、やがて汝の内に神を、真の一者を感ずるであろう」[30]と述べている。

ここに述べられているのは、錬金術師の眼前の「レトルト」への専心、すなわち、セラピストの字義的でない心理学的な「内側」への専心であろう。錬金術師の言葉によれば、「汝の内以外に汝の救いなし」である。

そのような「専心」は、ユングのイメージに関する言説で言えば、「夢はそれ自体の解釈である」[31]、さらには、「ファンタジー・イメージは自らの必要とするものをすべて自らの内に含んでいる」[32]ということになるだろう。

また、このような〝眼前の「レトルト」への専心〟は、序章で述べた「終わることはできず、始まることしかできない」という心理療法の本性にも深くかかわっている。

序章では、それを「ウロボロス的な地平」と形容したが、先のユングの「メルクリウスは竜として自らを呑み込み、竜として死に、石となって蘇る」という言葉からもわかるように、そのような心理療法が開かれているのは、「メルクリウス的な地平」と呼ぶこともできるだろう。

そこでは、「始まり」が「終わり」であり、「終わり」が「始まり」である。このことは、序章でも引用したユングの神経症をめぐる言説を考えればよくわかる。

例えば、ユングが「神経症は、神経症が自我の間違った態度を片づけた時にのみ、真に除去される」[33]と言う時、神経症は、正されるべき何かなのではなく、自我の間違った態度を正すべき主体であり、そのことは、「われわれが神経症を治すのではない。神経症がわれわれを治すのだ。

人は病むが、その病はその人を癒す自然の試みでもある」[34]においても変わりがない。そこでは、「病」と「癒やし」は同一であり、そのように言うのは、「神経症はその患者のこころを、少なくともその本質を内に孕んでいる」[35]と考えられているからだ。

その意味で、心理療法には、その始まりに「問題」があり、その終わりに「解決」があるといった線形のモデルではなく、「問題」と「解決」とは同一である、あるいは、「解決」は「問題」が深まった過程のなかの同一位相でのみもたらされるといった螺旋形のモデルが適用されるのがふさわしいと言えるだろう。

そのようなモデルにおいては、クライエントが患う「神経症」、あるいは、クライエントが抱える「問題」は、その個人の、あるいは彼、あるいは彼女の家族・家系の、もっと広く言えば、その文化や社会の「本質」を孕んでおり、セラピストは眼前のものにその都度コミットすることでしか、自らの役割を果たせない。そこに提示される「問題」だけが、「解決」へとわれわれをイニシエートする唯一の通路だからだ。

さらに、メルクリウス的に「始まることしかできない」というのが心理療法の本性であるなら、そこでは、今述べたような線形のモデルは適用しがたいにもかかわらず、われわれが心理療法を実践していてしばしば体験する「展開しない、動かない、そしてなかなか終わらない」という感覚は、いったい何を意味しているのだろうか。

「眼前のものにその都度」ということで言えば、それは他ならぬ、「まだ始まっていない、出会えていない」ということの証左であるように思える。さらに言えば、それは、セッションのなかの一瞬一瞬、そして毎回毎回のセッションにかかわる事柄であって、その意味で一瞬一瞬に、そして毎回毎回に本当に始まっていれば、あるいは出会っていれば、実際には間違いなく、その心理療法は一つのプロセスとして終わってゆく。

それゆえ、セラピストはやはり、いかに終わるかではなく、むしろいかに始めるか、いかに入ってゆくか、そしていかに出会うか、ということに専心すべきなのではないだろうか。

そうであるにもかかわらず、もしセラピストの側が「アセスメント」などと称して（アセスメントそれ自体が重要であることは言うまでもない）、なかなか心理療法を始めようとしない、あるいは、決してそのクライエントと出会おうとしないならば、それは文字通りの意味で「始まらない」先から「終わっている」のであって、そのようなセラピストはすでに、常に「始まり」を指向し続けるという本性をもつ心理療法の埒外にいることになるのである。[36]

6　心理療法の「方法論」としての「前近代」

先にも述べたように、深層心理学は、「近代」合理主義の精神が「ゴミ」と見なしたものに、再び注目することで成立した学問である。

フロイトが「夢は無意識への王道である」とし、ユングもその治療実践のなかで夢を重視したことからもわかるように、夢はそのような「ゴミ」の代表であると言えるだろう。
ユングにとって「夢は無意識の現在の状況を象徴という形で表した自己描写[37]」であり、「無意識内容の象徴的な表象」であった[38]。言い換えれば、それは〈夢は意味を内包している〉ということであり、このような観念は、地域や文化の別なく、「前近代」的な共同体においては広く共有されていた[39]。

第4章において、西欧「近代」に始まった深層心理学というプロジェクトがいかにして人為的に「内側性」をつくり出し、それを通していかにしてそこに「治癒」をもたらす仕掛けが用意されたかを論じたが、このように〈夢は意味を内包している〉とすることもまた、そのような「内側性」の創造にかかわっているのだろう。

すなわち、「無意識」と同様、夢は一つの「世界」であり、そこには未だ「意味」が充溢しており、その一端にふれることで、救いようもなく単調で味気ないものとなってしまった人生に再び「神秘の生命」が宿る、あるいは、どうしようもなくバランスを崩し病的とさえ言いうる状態になった精神生活に再び「調和的均衡」がもたらされるのだ。

このような志向性は、一方では、第4章で論じたように、ユングの「無意識の心理学」も含めた深層心理学が抱いていた「前近代」へのノスタルジーに基づいている。しかし他方で、ギーゲリッヒが「夢への取り組み」における「三つの基本的仮説」の一つとして「夢をその外に関連するものをもたない閉じられた世界や全体として見る方法論的な立場をとる」を挙げたように、「近代」に生まれた深層心理学、あるいはそれに基づく心理療法にとって、そのような「前近代」への回帰は、一つの「方法論」でもあった。

例えば、『変容の象徴』（一九一一―一二年）は、ユングがフランク・ミラーと呼ばれるアメリカ人女性の手記にある二篇の詩と一つの夢想について解釈することを試みた著作であるが、「ある事例における統合失調症の前兆に関する分析」という副題が示すように、そこで試みられたのは、伝説や神話に実在する「類似」のモチーフを「拡充」することで、心的な危機状態に陥った時に露わになる近代人のこころの深層にある前近代的・神話的な「夢・ファンタジー思考」を明らかにすることであった。

「夢・ファンタジー思考」は、「方向づけられた思考」に対置されるものであり、これら二種類の思考の対比を、ユングは「前者〔方向づけられた思考〕は、意思伝達のために言語的要素をもって機能し、複雑であり遊びがない。後者〔夢・ファンタジー思考〕は、努力を要さず、いわば自発的に働き、目の前にあるものをその内容とし、無意識の動機によって導かれる[40]」（括弧内筆者）と表現している。

このような「夢・ファンタジー思考」を明らかにするためには、すなわち、そこへと遡るためには、「類似性」をその唯一無二の「論理[41]」とする（先に述べたような「拡充」を重視したユングはそう考えていた）「夢・ファンタジー思考」をもってせねばならない。言葉を変えれば、それは、解き明かすべき重要な「意味」を孕んだ「対象」であり、同時にその「真理」を解放する「方法」でもあったとも言えるだろう。

このような在り方は、錬金術における「学理（*theoria*）」のそれであり、ユングは錬金術における魚の象徴について論じた際、以下のように述べている。

もし、意識的な主体の側に「知恵の磁石」がなければ、この不可視の生物〔魚〕を捕らえることはできないだろう。その磁石が、師がその弟子に授けることのできるもの、すなわち、「学理」であることは明白である。この学理こそが、錬金術師の出発点となりえる唯一の現実的な所産なのだ。[42]（括弧内筆者）

錬金術師たちは、魚とキリストの象徴としての類同性に注目しており、彼らの解釈では、魚は「知恵の磁石」が引き寄せることができる「賢者の石」と見なされていた。さらに別の箇所で、ユングは「意識的に――ある種の神の霊感によって――習得されるべき教義は、同時に『肉体』のなかに囚われている教義、または学理を解放することのできる道具でもある。なぜなら、教義を表す象徴は、同時に教義の語る『神秘の真理』それ自体に他ならないからだ[43]」とも述べている。

「前近代」は、このような意味で、「近代」に生まれた深層心理学に基づく心理療法の「方法論」であり、錬金術は、神話と心理学との間の「繋ぎ目」として、あるいは「裂け目」として、そのことをユングにはっきりと教えていた。にもかかわらず、第3章で紹介したように、「ならば、われわれはもはや神話をもっていないのか」という問いかけに対して答えを留保し続ける（考えるのを止めてしまう）ことによって、ユング自身はやはり、そのことに半ば無自覚であり続けたように思える。そして、そのような彼の「意識」は必然として、自らの心理学の「方法論」の在り方、すなわち、自らの心理学の論理的な「形式」にリフレクティブに向かうことなく、あくまでも自らの心理学の「対象」のもつ内容に向かうことになったのである。

第3章の終わりに述べたように、ユングの心理学の在り方それ自体を省察することも、彼の「批判的心理学」(44) の精神に基づく「ユング以降を生きるわれわれの課題」なのだとすれば、ユングの心理学が本来もっていた、「近代」における科学でも「前近代」における神話でもない、本章で述べてきたような錬金術の「学理（*theoria*）」としてのステータスにより自覚的になることもまた、われわれにとっての大切な「作業（*opus*）」なのではないだろうか。

（1）CW12, par.472.
（2）*ibid*, par.207.
（3）Giegerich, W. (1998). *The Soul's Logical Life: Towards a Rigorous Notion of Psychology*. Frankfurt am Main: Peter Lang, p.150 ff. これに関して、例えば、以下のような箇所が引用されるだろう。「……ユングはたいていの場合、錬金術を（個人の自己成長にかかわる「人々の心理学」という人格主義的な意味での）内包的な心理学と取り違えており、そのことによって、心理学固有の対象（魂の営み）が論理的な生命であることを、そして、ユングより一世紀以上前のヘーゲルの弁証法的論理のなかに、一見すると失敗に終わった錬金術の企ての救済がすでに起こっていたことを理解する可能性を自分自身から奪ってしまったのだ……」(p.150)。

（4）*ibid.*, par.442.
（5）CW8, par.560.
（6）CW12, par.472.
（7）CW9-ii, par.560.
（8）田中康裕『魂のロジック――ユング心理学の神経症とその概念構成をめぐって』日本評論社、二〇〇一年、六五頁以下。
（9）*MDR*, p.231.
（10）第1章と第2章で見てきたように、それは、後期の思想のみならず、個人として心理学者として彼が終生をかけたテーマでもあったのだろう。
（11）CW9-ii, par.125.
（12）田中前掲8。
（13）CW18, par.312.
（14）e.g. CW17, par.307.
（15）CW9-i, par.400.
（16）このような錬金術と心理療法とのかかわりについては、以下の別稿でも論じた。田中康裕「ユング派心理療法とは」岡昌之・妙木浩之・生田倫子編『心理療法の交差点2――短期力動療法・ユング派心理療法・スキーマ療法・ブリーフセラピー』新曜社、二〇一六年、一九―三七頁。
（17）Giegerich (1998). *op. cit.*, p.136.
（18）*ibid.*
（19）*ibid.*, p.137.

(20) CW 12, par.462.
(21) cf. "Spirit Mercurius" in CW 13.
(22) *ibid.*, p.134.
(23) このような意味においても、ユングにとって錬金術は、先験的に神々のイメージが付与されており、あくまでイマジネーションに基づく神話と、そのように先験的に付与されるものはなくリフレクションに基づく心理学との「繋ぎ目」であり「裂け目」であった。
(24) CW 14, par.45.
(25) CW 13, par.209.
(26) von Franz, M-L. (1993). *Psychotherapy*. Boston: Shambhala Publications, p.12.
(27) CW 12, par.155.
(28) Giegerich, W. (2006). Closure and setting free or the bottled spirit of alchemy and psychology. *Spring*, 74, 31-62.
(29) CW 14, par.314.
(30) *ibid.*, par.196, note 345.
(31) CW 11, par.41.
(32) CW 14, par.749.
(33) CW 10, par.361.
(34) *ibid.*, par.361.
(35) *ibid.*, par.355.
(36) 田中康裕「心理療法は終結を目指しているのか?」『臨床心理事例研究』(京都大学大学院教育学研究科心理教育相談室紀要) 第三三号、二〇〇七年、二一二—二一四頁。
(37) CW 8, par.505.
(38) *ibid.*, par.506.
(39) 例えば、『自我と無意識』で言及されている「エルゴニー族」の普通の人が見る卑小な夢に対する「大いなるヴィジョン」。C・G・ユング（松代洋一他訳）『自我と無意識』第三文明社、一九九五年、一〇一頁。
（40）CW5, par.20.
（41）ここでは、「類似性」を唯一の論理とすることの当否を論じるのではなく、「方法」と「対象」が同一であるというユングの心理学のもつ「論理」について明らかにしたい。ユング以前、フロイトも『夢判断』で、以下のように、同種の「夢の論理」に言及している。「夢形成の機制は、論理的関係のうちのただ一つのものに関してだけは、この上なくおあつらえ向きに出来ている。それは、類似、一致、言寄せといった関係、つまり、『ちょうど〜のように』ということであり、これは他のところでは夢におけるほどには多様な方法で呈示できまい」（新宮一成監修『夢解釈Ⅱ（フロイト全集第5巻）』岩波書店、二〇一一年、三二五頁）。第4章において紹介したヒルマン（Hillman, J.）においてもそれは同様で、彼は「類似性（likeness）」「似姿（resemblance）」という新プラトン主義の観念によって個人のコンプレックスに結びつけている「神話的なパターン」を明らかにしようとした。Hillman, J. (1979). *The Dream and the Underworld*. New York: Harper & Row, p.4.
（42）CW9-ii, par.219.
（43）*ibid.*, par.249.
（44）CW10, par.350.

第6章 心理療法の本性としての〈非治療性〉

1 医学と心理療法

序章において「精神分析による『治療』概念の越境」について取り上げ、そのような精神分析に端を発し「近代」に発展した心理療法はその始まりから、従来の医学における「治療」の枠組みを踏み越えた、新しいこころの「治療《セラピー》」であったことを述べた。

心理療法は、いわゆる「医（学的治）療」とは一線を画するものであり、その意味で、心理療法の本性は、そのような〈非治療性〉にあったとも言えるだろう。別の論文でも論じたが、心理療法はその意味で、「治療《セラピー》でない治療《セラピー》」として自己展開してきたのだ。(1)

本節のタイトルともなっている「医学と心理療法」は、ユング (Jung, C. G.) が一九四五年にスイス医学アカデミー評議会で行った講演であり、「医学と心理療法」の違いを、「純粋な精神神経症」[2]にかかわって、「病歴」「診断」「治療」という伝統的な医療の手続きの三段階について再検討することで明確にしようとするものである。

　ユングはこの講演の冒頭で、医学と心理療法の間に橋を架けるのを困難にしているのは、両者における「病理（pathology）」の捉え方の違いであることを指摘している。このような差異は、序章において心理療法という新しいこころが「治療《セラピー》」の対象とする「神経症」について、それには「いわゆる『技法』、あるいは『療法』を直接的に適用して治すべき『実体』や『実質』は存在しない」と述べたのとは対照的に、伝統的な医学が対象とする「疾病」は、ある特定の「治療法」を適用して治すべき「実体」をもっているということにもよく示されている。

　フロイト（Freud, S.）が治療抵抗の一つとして「疾病利得」を考えていたように[3]、心理療法においては、患者がひたすらに治りたいと願っていると単純には想定できず、無意識的であるにせよ、セラピーそれ自体をミスリードする、あるいは、停滞させるような類の陳述を行うことは珍しくない。そのような意味で、心理療法における「疾病」はそれ自体、患者のイマジネーションによって創造されたものであるとも言え、この点についてユングは、以下のように述べている。

> 患者は、そのような〔自身の病歴にかかわる〕陳述において、意図的に、あるいは意図なく、それ自体ではもっともらしいが、病因という点ではさらに人を惑わせる可能性を孕む、事実の突出したところを提供する。患者を取り巻く環境すべてが、あたかもそれが彼との無意識的な共謀であるかのよう

に、肯定的、あるいは否定的な意味で、この説明の体系のなかに引き込まれている可能性がある。[4]（括弧内筆者）

もちろん、身体疾患においても、患者が「疾病利得」を享受するような症例、つまりは、患者の側にそれを治そうとする意志が見られない症例はあるが、そのような場合でもそこで問題になっているのは、患者の「実体」をもたないこころの働きであり、「疾病」それ自体が患者のイマジネーションの産物というわけではないのである。

本章では、以下、この「医学と心理療法」を主たるテキストとして、心理療法の本性としての〈非治療性〉について論じたい。

2　真理へと至るための「想起（*ana-mnesis*）」

前節末で述べたような〝患者のイマジネーションの産物としての「疾病」〟にアプローチするためには、セラピストもまたイマジネーションを駆使せねばならない。このことは、第5章で述べたように、「夢・ファンタジー思考」が、解き明かすべき重要な「意味」を孕んだ「対象」であり、同時にその「真理」を解放する「方法」であったのと同様である。

これに対して、医学における「病歴（anamnesis）」は、ある見方をすれば、「夢・ファンタジー思考」に対置される「方向づけられた思考」によって再構成されるべきもの、すなわち、症状形成や発症に至る因果関係を明確にするために聴取されるべきもので、この点について、ユングは「それ〔医学的な病歴聴取〕は、医学一般、特に精神医学においては慣例的なものであり、いわばわれわれは可能な限り完全に症例の歴史的な事実をつなぎ合わそうとする。けれども、心理療法家は、これらの事実だけでは満足しない」(5)（傍点・括弧内筆者）と述べている。

そのように述べたユングにとってanamnesisは、単なる「歴史的な事実」やその「つなぎ合わせ」ではなかった。ギリシア神話で語られる黄泉の国(6)には、記憶の女神ムネモシュネ（Mnemosyne）の川があり、その水を飲んだ霊魂はすべてを記憶し真理を見抜く力を得ると考えられていたように、彼にとってのanamnesisはあくまで、真理へと至るためのプラトン的な意味での「想起」でもあったのだろう。

このことは、ギリシア神話の黄泉の国にはもう一つ、その水を飲んだ霊魂は前生の記憶を一切失うレーテ（Lethe）の川があったことにもよく示されている。古代ギリシア語のLetheは、「忘却」「隠匿」を意味し、それに否定の接頭辞a-の付いたaletheiaは、「非―忘却」「非―隠匿」として「真理」（ハイデガー（Heidegger, M.））を意味していたからだ。だからこそ、ユングは、心理療法家が「病歴」を聴取するに当たっては、「自らの専門的知識だけでなく、直観と突然の閃きにも信頼を置くことが必要」(7)（傍点筆者）と述べたのだろう。そこにはある種の「飛躍」や「飛翔」といった契機を孕むイマジネーションの働きが不可欠なのである。

ユングがこの講演で取り上げている「精神神経症」は、その「起源を特定できない病」[8]であり、すなわち、病の「起源」をいずれかに限局化しうる病ではなく、「一人の人間全体に起源をもつ」[9]ものであった。そうである以上、心理療法の実際においては、それがどの種の「精神神経症」であるか、つまり、「ヒステリーを患っていようと、不安神経症を患っていようと、恐怖症を患っていようと、……重要な意味はほぼない」[10]し、むしろそのような表面的な様相に拘泥することによってかえって、その中心にある「起源」としての「一人の人間全体」から目を逸らすことになる。

このことは、「近代」の医学が客観的に、対象としての病の原因を探り、病に侵されている部位を特定し、それをもって「治療」を開始するのとは対極をなしている。ユングが心理療法において在り方を問うている「心的な人間存在全体」というのは、そのように「近代」の医学が対象としていたものとはまったく異なり、「古代人たちが極めて正当に考えていたように、他でもない一つの世界、すなわち、ミクロコスモス」[11]であった。すなわち、「こころは存在全体を反省し知っており、すべてはこころのなかで、そしてこころを通して働くのである」[12]。

これらの文脈においては、心理療法における「病歴」とは、そのようにこころが反省し知っている存在全体、すなわち、そのようなこころの働きへと、そして、それが孕む真理へと至るための「想起」であると言えるだろう。

3　事象の背後に動くものを「見通す」心理学的診断

前節でも引用したように、「前近代」的な宇宙観・人間観（宇宙＝マクロ・コスモスに相対・相似する人間＝ミクロコスモス）に基づき、ユングは「精神神経症」を「一人の人間全体に起源をもつ」病と考えていたが、「近代」の精神医学は、それを単なる「疾病」として「診断」しよう、すなわち、外側から捉えようとした。

ユングはこのような「診断」の在り方を「医学的診断」と呼び、以下のように、心理療法における無用性・不要性について述べる。

医学のサークルのなかでは、患者の精査はその病の診断につながり、これが可能である限りにおいて、その診断の確立によって、一つの重要な決定が予後や治療に関して下されるのだと広く考えられている。……〔そのような医学的〕診断は、ある神経症的な状態に大なり小なりまぐれ当たり的なラベルを貼る以外には、とりわけ予後と治療に関しては、それによって得るものは何もない。[13]（括弧内筆者）

先にもふれたように、家族歴、現症歴、既往歴を含めた患者の「歴史的事実」の連鎖として「病歴」を聴取し、それを精査することで、その患者の抱えている病の起源を特定することが可能となり、そのことで正確な「診断」が得られ、それを通して正しい「治療」が選択され、さらにはこれらのことが患者の「予後」の良し悪しを決定的に左右する、このようなごくごく当たり前の「医（学的治）療」の手続きがここでは完全に否定されている。

　ユングはそうではなく、眼前にある「精神神経症」を「内側」から、すなわち、心理学的に見抜こうとしていた。序章で「神経症はその患者のこころを、少なくともその本質を内に孕んでいる」[14]という言葉を引用したが、それが心理療法家に求められる「心理学的診断」のあるべき様であり、その「目的は、臨床像によって示されるというより、それによってはるかに隠されがちな事実の公式化を目指す」[15]ことである。ここには、表面的に、字義的に目に見えるものではなく、その内側に隠されたものを見通そうとする心理学のもつ基本的な態度が見て取れる。

「心理学的診断」は、そのような「心理学的な立場」からなされるものであるが、そのような態度を維持し、心理療法を実践するためには、日常とは異なる心理学的な意識が必要である。そのような心理学的な意識とは、前章末に述べたように、「前近代」的な「夢・ファンタジー思考」と単に同一化することでなく、自分自身がそれをあえて「方法論」として採用しているということを知っている「意識」のことであり、天然自然に寄り来るものではありえない。

　だからこそ、ギーゲリッヒ（Giegerich, W.）は『神経症――形而上学的病の論理』という著書のなかで「心理学的に思考し始めることのできる地点に自分自身を何とか連れていくことがまず必要である」、あるいは、「心理学の『意味論』に身を浸す前に、われわれはまず、心理学の『統語論』

を学ばねばならない」[16]（傍点筆者）と述べたのだろう。

補章で取り上げるカフカ（Kafka, F.）の『掟の門』は、このような心理学がわれわれセラピストに求める意識の変容をよく表した短編小説である。「掟の門」の前で主人公の男が突きつけられた「否」は、その男の意識を変えていく。この物語の結末で達成されるのは、天然自然の自己を保存したままの実体としての「越境」ではなく、そのような自己それ自体の「否定」である。その意味で、主人公である男の命が尽き、門番が門を閉めその場から立ち去ることは、新たな意識の次元への真の移行を、そのようなイニシエーションの究極の実現を徴していた。詳しい解釈は補章で述べる。

4　「転倒した世界」としての心理療法

前節で述べたように、「精神神経症」の心理療法においては、「医学的診断」はその本質にかかわるものではない。ユングはこのことを「どんな特定の精神神経症の診断が下されたとしても、それが意味するのはせいぜい何らかの形態の心理療法の必要性が示唆される程度のことである。予後に関して言えば、それは最も高い度合いで診断とはかかわりがない」[17]（傍点筆者）という言い方でも表現している。

前節でも述べた「医学的診断」の無用性・不要性に加え、この引用文中の「何らかの形態の心理療法の必要性」という言い回しにも、伝統的な医学における「治療」概念からは逸脱した、ユング独自の心理療法観がよく示されているように思われる。

少なくとも「近代」の医学においては、特定の病に対しては特定の治療が存在しており、その治療機序の解明やそれに関するデータ、あるいは臨床経験の蓄積が重視される。ところが、心理療法にはそのような原則もまた当てはまらないと、ユングは考えていた。「精神神経症」に関して言えば、その治療は心理学的なものでなければならないというのが、「唯一妥当な原則」であり、それさえクリアしていれば、「あらゆる神経症へのあらゆる治療手続きがその望まれる結果をもたらしうる[18]」、さらに「多種多様に存在する心理療法の理論は、論争を巻き起こしはするが、結局のところ、その違いにはそれほど大した意味はない[19]」というのだ。そのようなユングは、ある錬金術のテキストから「錬金術は人全体を必要とする」という言葉を引用し、心理療法における治癒の要因は、そのような理論や技法ではなく、「医師の人格[20]」であることを強調した。

このことは、序章でふれた「今日の心理療法の在り方」という論文において、患者と治療者という「二つの心的体系の間で繰り広げられる議論、すなわち、二人の人間が自らの全体性をもって互いに対峙すること[21]」が重視されていることと通ずるものがあり、ユングにとって心理療法は決して、ある病に処方される、あるいは適用される「技法」ではなかったと言えるだろう。

心理療法は、あたかも一つの処方であり、対処法であり、色覚検査であるかのように、「技法として」

実践されるものであると、長い間想像されてきた。……しかし、心理療法はそのように用いられるものではない。好むと好まざるとにかかわらず、医師と彼自身がもつ諸々の前提とは、患者がそうであるのとちょうど同じように、分かちがたく結びついていて、医師がどの種の技法を用いるかということは、実際には、ほとんど取るに足りないことなのだ。なぜなら、問題は技法ではなく、その技法を用いる個人だからだ。[22]（傍点筆者）

ユングにとって、心理療法が向き合っているのは、「解剖学の標本でも、膿瘍でも、化学物質でもなく、受苦する個人の全体性である[23]」。そして、「医師は、病のある特定の機序や焦点においてではなく、自身の人格全体において病んでいる病者と向き合っている。『技法』はそれを癒すことはできない。患者の人格は、技法的な策略ではなく、医師の人格がもつすべての資源を必要としている[24]」のだ。

このような意味で、「心理療法における大いなる癒しの要因は、医師の人格であり、これは始まりの時点で与えられたものではない。つまり、それが示すのは、最も高いレベルでの医師のパフォーマンスであり、非現実的な青写真ではない[25]」（傍点筆者）。だからこそ、ユングは、「ある神経症の内容は決して、単一の検査によっては、あるいは複数の検査によっても、立証されえない。それは自らを治療の過程のなかでのみ明らかにする。このため、逆説的ではあるが、真に心理学的診断は、治療が終結した時にのみ明らかになる[26]」（傍点筆者）と述べたのだろう。言い換えれば、治療の入口で下される「〔医学的〕診断が何かリアルなものを意味することはほとんどない」[27]（括弧内筆者）のであり、「心理療法家が前もって知っていることが少なければ少ないほど、治療のチャンスはより広がる」[28]。心理療法はそのようにある種「転倒した世界」[29][30]（ヘーゲル（Hegel, G. W. F.））である。

心理療法においては、そして「心理学的診断」においては、事前に、すなわち、心理療法の外側にいながらにして、獲得できる「認識」は何もない。それはあくまでも、「治療」の過程のなかでのみ、そして治療が終結した時にのみ獲得される「何か」である。この意味でも、心理療法の時制は常に、「完了形」でなければならない[31]。すなわち、「前（過去）」でも「先（未来）」でもなく、第5章でも論じたように、セラピストにとって重要なのは、今ここで自らの眼前にある「レトルト」のなかにあるものだけであり、周囲のあらゆる事象に背を向けてそれに専心する態度こそが心理療法的なのだろう。

5　瞬間の「出会い」とその無限の反復――「見立て」から「治療」へ

話をもう一度「診断」に戻せば、語源的には、「診断（*dia-gnosis*）」が意味するのは、「完全なる（*dia*）」＋「認識（*gnosis*）」である。その意味で、「心理学的診断」とは、先に述べたような心理療法的な態度によって開かれる「完全なる認識」であると言えるのだろう[32]。

しかし、そこでの「完全」が含意するところは、字義通りの「欠けたところや足りないところがない様」ではない。それは、クライエントと面接を重ねる度に改訂されるべき、その都度のセラピストの「完全なる認識」であり、そこには、「見立て」にかかわるユング派固有の側面も含まれている。

土居健郎が『方法としての面接』（一九七七年）[33]のなかで、伝統的な医学の立場を踏まえた上で、「見立て」を「診断・予後・治療について専門家が述べる意見をひっくるめて呼ぶ日常語である」と定義したことからもわかるように、一般的に言えば、「見立て」は、綿密な聴き取りを通した一連のプロセスのなかで形成されるべきものであり、実際、精神分析学派では、心理療法の契約以前に、数回の受理面接が設定される。

他方、先のような「心理学的診断」を重視したユングを始祖とするユング派では、同じ力動的心理療法と見なされる学派であるにもかかわらず、そのような複数回の受理面接を設定することはあまり行われない。このことはおそらく、ユング派においては、「見立て」を一連のプロセスとしてというより、むしろその一回の、あるいは瞬間の「出会い」として捉えていることを示しているのだろう。

そこでは、その一回でどう出会うか、いかにしてクライエント像を描き出すか、どんな接点がもてるか、ということが重要になる。つまり、そこでの「見立て」が意味するのは、セラピストという「他者」との接触で顕わになった、クライエントの今現在の在り方を描き出し、それを一つのテキストとして読み込み、そこに織り込まれている心的課題を暫定的に抽出する、ということである。そして、そこでは、「やりとり」や「関係性」というよりはむしろ、すでに述べたように、「第三のもの」としての夢や箱庭、描画などのイメージに重きが置かれる。ユング派において、「初回夢（initial dreams）」と呼ばれる心理療法の初期に報告された夢が、そのような瞬間の「出会い」の証しとして重視される所以である。

ユング自身の「共時性（synchronicity）の原理」に従えば、それは単に、心理療法のその後の展開を予示するものではなく、あくまでも現在の瞬間全体として、それ自体を表出することができ、その表出のなかに過去も未来も同時に包摂しうるものだからだ[34]。

ユング派心理療法における「見立て」は、このような現在の瞬間全体としての「出会い」にかかわる事態でもある。そして、心理療法は、そのようなその都度の「出会い」の、そして「心理学的診断」の「無限の反復」であり、同時に「積分」であるとも言える。だからこそ、先にも引用したように、ユングは「真に心理学的診断は、治療が終結した時にのみ明らかになる」と述べたのだろう。

6　心理療法の全体解としての「心理学的診断」

この講演のなかでユングは「本当で、かつ重要なことは、心理学的理解であり、それは、病的な症状のベールの背後にあって、治療の過程においてのみ見出されうる[35]」とも述べている。

「症状」ではなく、患者の「心的な人間存在全体」に焦点を当て、そのことで「心理学的理解」に到達しようとする以上、セラピストの側も自身の「心的な人間存在全体」を賭すより他に道はない。第3章でも心理学の本性をよく示す言葉として引用したが、「一つの心理学的なプロセスを説明するのはもう一つの別の心理学的なプロセスでなければならない」[36]のであり、「こころだけがこころを観察できる」[37]からだ。

このような意味で、ユングが精神分析を批判する形で、以下のように述べていることは、心理療法を実践する者すべてがよく自覚すべき「影」として捉え直されなければならないのだろう。

精神分析は明白に一つの技法である。それは一つの技法として、その背後に人間存在の姿を隠してしまい、誰がそれを実践しようとかかわりなく、いつも同じままになってしまう。結果として、精神分析家は、自らの思い込みに関して自己認識や自己批判をする必要がなくなってしまう。彼らの個人分析の目標が、自らを一人の人間ではなく、技法を正しく用いる者とすることなのは明々白々であろう。[38]

（傍点筆者）

前節末に述べた〝現在の瞬間全体としての「出会い」〟には、「技法」の背後に身を隠さない「生の他者」としてのセラピストの存在が必要不可欠であり、先にも引いたように、ユングが「心理療法における大いなる癒しの要因は、医師の人格」と言う時、セラピストがいわゆる「人格者」

であることを求められているわけではない。必要とされているのは、そのようなセラピストの「生の他者」性である。

そして、第5章でも述べたように、心理療法において本当に重視されるべき「出会い」は、クライエントとセラピストの人間としての「出会い」ではなく、「魂」がクライエントという個人を通して語る、あるいは、夢や箱庭、描画も含めた「第三のもの」としてその「二者」の間に顕現する出来事との「出会い」である。それは、「生の他者」としてのセラピストのそれらの出来事へのコミットメントとしての「心理学的理解」によって、そして、そのように魂が立ち現れる「場」を提供しようとするセラピストの「心理学的態度」によって、初めて可能となる。換言すれば、心理療法とは、そのような魂の意図に、あるいは、魂と人間との差異（心理学的差異）に、クライエントとセラピストの双方が襲われる「場」でもある。ユングが「夢はそれ自体の解釈である」と言うのはこのゆえだろう。

その意味で、前節で述べた〝眼前のものへの「完全なる認識」〟が意味するのはあくまでも、第5章で論じた錬金術師たちの態度と同じく、「手元にある、この問題、この症状、この状況、この夢、このイメージ、このテキスト、この現象のみにコミットする」(39)ことであることを、われわれセラピストは忘れてはならない。そのように徹底した「この〜（each-ness）」に対するコミットは、心理療法の部分解ではなく、全体解でもあるからだ。

同じことは、心理療法のプロセスにおける各々の面接、その各々の面接のなかの各々の瞬間についても言える。〝眼前のものへの「完全なる認識」〟としての「心理学的診断」は、本章で述べてきたような〈非治療性〉をその本性としてもつ心理療法の全体解にかかわっているのであり、その意味で、第5章からの繰り返しにもなるが、毎回毎回に、そして一瞬一瞬に本当に出会っていれば、実際には間違いなく、その心理療法は一つのプロセスとして終わってゆくのである。

（1）田中康裕「発達障害と現代の心理療法——『自己の無効化』による『治療《セラピー》ではない治療《セラピー》』としての自己展開」河合俊雄編『発達障害への心理療法的アプローチ』創元社、二〇一〇年、一八〇—二〇三頁。
（2）ここで言われている「精神神経症」は、フロイトが神経症を「現実神経症」と「精神神経症」とに区分した際の後者を指すのではなく、患者の「精神」の在り方に純粋に由来する「神経症」という意味合いである。
（3）cf. *SE* 16, p.384.
（4）CW 16, par.194.
（5）*ibid.*
（6）マイケル・グラント他（木宮直人他訳）『ギリシア・ローマ神話事典』大修館書店、一九八八年。
（7）CW 16, par.194.
（8）*ibid.*
（9）*ibid.*
（10）*ibid.*, par.196.
（11）*ibid.*, par.203.
（12）*ibid.*

（13）*ibid.*, par.195.
（14）CW 10, par.355.
（15）*ibid.*, par.196.
（16）Giegerich, W. (2013). *Neurosis: The Logic of a Metaphysical Illness*. New Orleans: Spring Journal Books, p.3.
（17）CW 16, par.195.
（18）*ibid.*, par.198.
（19）*ibid.*
（20）*ibid.*
（21）CW 10, par.333.
（22）*ibid.*, par.337.
（23）*ibid.*
（24）*ibid.*
（25）CW 16, par.198.
（26）*ibid.*, par.197.
（27）*ibid.*, par.195.
（28）*ibid.*, par.197.
（29）Hegel, G.W.F. (1807). *Phenomenology of Spirit* (Translated by A.V. Miller). London: Oxford University Press, 1979.
（30）アントン・フリードリッヒ・コッホ（赤石憲昭訳）「『精神現象学』から見た現実世界」『ヘーゲル哲学研究』第一三号、二〇〇七年、五八―七一頁。
（31）Giegerich, W. (2006). Closure and setting free or the bottled spirit of alchemy and psychology. *Spring*, 74, 54.
（32）本章の第5節と第6節については、以下の別稿でも論じた。田中康裕「『見立て』と『心理学的診断』――〈現在〉の瞬間全体としての『出会い』」『臨床心理事例研究』（京都大学大学院教育学研究科心理教育相談室紀要）第三七号、二〇一一年、二一―二三頁。および、田中康裕「ユング派心理療法とは」岡昌之・妙木浩之・生田倫子編『心理療法の交差点2――短期力動療法・ユング派心理療法・スキーマ療法・ブリーフセラピー』新曜社、二〇一六年、一九―三七頁。

（33）土居健郎『方法としての面接――臨床家のために』医学書院、一九七七年。

（34）Progoff, I. (1973). *Jung, Synchronicity and Human Destiny: Noncausal Dimensions of Human Experience*. New York: Julian Press.（河合隼雄・河合幹雄訳『ユングと共時性』創元社、一九八七年。）

（35）CW10, par.210.

（36）CW6, par.855.

（37）CW9-i, par.384.

（38）CW10, par.350.

（39）Giegerich (2006). *op.cit.*, p.55.

第Ⅲ部

心理療法と「現代の意識」

第7章　心理現象としての解離（1）

1　ヒステリー性せん妄を呈したある症例から

ユング（Jung, C. G.）がチューリッヒ大学に「いわゆるオカルト現象の心理と病理」という学位論文を提出したのは、二十世紀の二番目の年、すなわち、一九〇二年のことである。

この論文は主として、交霊会で観察された霊媒S・Wの解離性の人格交代を考察したものだったが、ユングはその「導入」で非常に興味深い症例を報告している。ヒステリー性せん妄を呈したE嬢である。

彼女は四十歳独身で、大きな商店で経理の仕事をしていた。入院した当初の様子をユングは、以下のように描写している。

彼女は自身の生活歴とここ数日の出来事を極めて明瞭に語ったが、C地の墓地と病院前での出来事はまったく記憶していなかった。九月十七日から十八日にかけての夜、彼女は看護師と話をしている際、部屋全体が骸骨の形をした死人で一杯であると言った。……翌晩、四時に目を覚ました彼女は、近くの墓地から死んだ子どもたちが生きたまま埋められたと叫んでいるのを聞き、彼らを掘り起こすために外に出て行こうとするのを引き止められた。[2]

ユングはまた、このような彼女の幻覚が形成されるプロセスについて「墓地での散歩が骸骨の幻視を誘発し、三人の少年との出会いが、生き埋めにされた子どもたちの幻覚を惹起し、夜間その子どもたちの声を彼女は聞いた。……夢遊状態のなかで受けた印象が意識下で作用し続け、独立して発展し、最終的には幻覚として知覚されるに至った」[3]（傍点筆者）と述べている。「誘発」「惹起」「独立して発展」、ユングが用いているこれらの言葉からは、外側のものが偶然、引鉄となって彼女のこころに何らかの影響を及ぼしたことがよくわかるが、外的なものと内的なもののつながりは緩く、そこに不可避性を見出すのは難しい。反対に、彼女の抱える内的な空虚さは最初から、外側のものに影響されうる状態にあった、あるいは、強くそう望んでいたようにさえ思える。それは「自己増殖（消失）」とでも呼ぶべきものだったのであり、その点についてユングは「最初一見内容を欠いていた放心状態が、偶然の自己暗示によって内容を獲得する。この内容はある程度まで自動的に自らを築き上げていくが、その内容は経過のなかで、おそらくは回復が始まることに影響を受けて発展を止め、最終的には治癒とともに完全に消失した」[4]（傍点筆者）と論じている。

精神医学的に言えば、このような解離症状の中核をなすのは、ある種の変性意識状態であると考えられ、その一方の躁の極は「トランス」であり、他方のうつの極は「放心状態」である。このように解離は極めて解離的、あるいは双極的であるゆえ、そのような意識状態は、シャーマニズムという現象との関連でも論じられた[5][6]。「近代」の精神医学者が、「前近代」の文化に生きるシャーマンを診察していたなら、その多くはヒステリー、もしくはてんかんと診断されたというのである[7]。

ユングの患者であった、この四十歳の独身女性も、職場や家族内のいざこざに疲れ果てて消耗し、うつ的になり、放心し、それに引き続く形で「記憶の欠落」に陥った。ユングがこのようなヒステリー性の「類てんかん性発作」における、ヒステリーとてんかん、あるいは「類てんかん性の要素」を比較して論じているように、彼女は自身の内側の空虚さを「偶然の自己暗示によって」内容を獲得した幻覚によって埋め合わせようとした。このことが意味するのは、彼女の幻覚に見られた、霊的なもの、あるいは超越的なものとの一過性の結合は、「トランス」ではなく、「放心状態」のなかで起こったということであろう。

このような描写からは、解離性の症状は、単に内的空虚さそれ自体によって起こるのではなく、そのような空虚さに気づくことなく、それでもそれを何とか埋め合わせようとする個人の不毛な試みから生じることがよくわかる。Ｅ嬢の症例に示されているように、彼女の内的空虚さは、外側の何かに影響されることを欲し、それ自体を埋め合わせるものとして幻覚という症状をつくり出した。すなわち、「解離」は、その本質に「被暗示性」「自動性」、そして「空虚（否認）性」を孕んでいるのだ。

2　「近代の意識」と「解離」のかかわり

前節で紹介したＥ嬢の症例に見られた、彼女の内的空虚感や放心と、それを幻覚で埋め合わせようとする不毛な試みとの相互作用や結びつきは、極めて「近代」的であると言える。

特に第4章で詳しく論じたように、「近代」に生きるわれわれはすでに、「絶対的な内側性」というステータスをすでに後にしており、「前近代」的なシャーマニズムのコスモロジーにおいて顕著であった、この世とあの世とのつながりを我知らず生きていることももはやないからだ。われわれはすでにこのようなつながりからも切り離されており、だからこそ、「近代」において、世界は恐ろしく空虚で荒廃していると感じられるようになったのだろう。

この意味において、Ｅ嬢の症例によく示されているように、われわれはもはや、外側の何かでそのような内側の空虚さを埋め合わせることはできない。ユングが鋭く看破していたように、われわれは自分自身とだけ孤独に暮らしていて、「そこでは、意識という冷たい光のなかで世界の空虚な不毛さが星々にまで届いている」[8]。これが近代人の暮らしている状況であり、それゆえわれわれは、そのような状況それ自体を心理学的に理解しなければならない。

(1) 解離を定義する

ウォーランド－スキナー (Walrond-Skinner, S.) によれば[9]、「解離」は、「外傷的記憶」によって惹起される「心理自動症 (psychological automatism)」[10] について、自らの学位論文「心理自動症」(一八八九年) のなかで論じたジャネ (Janet, P.) によって十九世紀の心理学に導入された用語である。『ヒステリー研究』(一八九三－九五年) において「ヒステリー患者は主として想起を病んでいる」[11] と論じたことからもわかるように、「解離」は、フロイト (Freud, S.) の初期のヒステリー理論に採用されたが、後には抑圧という概念に取って代わられた。それは思考、感情、ファンタジー等の心的な内容を個人の意識野から分離することであり、分離される心的な内容は意識的でも無意識的でもありうる。そして、それらは残りの人格からは排除されるにもかかわらず、必ずしも抑圧されたり、他者に投影されたりするとは限らない。

にもかかわらず、多くの精神医学者や心理学者は、「解離」を解離性障害と混同し、もっぱら病的なものと見なしてきた。例えば、DSM－Ⅳでは、解離性障害の本質的な特徴は、「意識、記憶、同一性、環境認識などの通常統合されている機能間の統合破壊」[12] であるとされており、パトナム (Putnam, F. W.) が適切にまとめているように、「……結局のところ、解離とは、正常であれば期待されるべき、知識と体験との統合や連合が損なわれていることを条件とする概念に帰一している」[13]のだ。けれども、「解離」がそれ自体、失敗や障害であるというのは本当なのだろうか。

このようなDSMのアプローチに対して、「解離」が日常のありふれた現象でもあることを表現するため、パトナムは、「正常な解離」と「病的な解離」という区別を導入し、前者は適応不全にかかわりのない「解離」、後者は上記の解離性障害を包含し、適応不全に寄与する「解離」として定義している。[14]彼がそのような「解離」の日常的な側面にも注意を向けていることは評価できるが、同時に筆者は、この種の定義それ自体が解離的であるとの感を禁じえない。心理学的に「解離」を定義するため、われわれは、「正常」対「病理」という対立を乗り越えてゆく必要があるのではないだろうか。

（2）解離の心理学的概念

序章でもすでに論じたように、「近代の意識」の際立った特徴は、それが自身を反省する意識であるということである。その意味で、「近代の意識」は、「反省する自分」と「反省される自分」との間の「解離」を絶え間なくつくり出さざるをえない。

それゆえ、第3章で論じたように、心理学が十九世紀の後半になって生まれたのは偶然ではない。このことは、実験心理学の古典的な方法論が「自己観察法」「内観法」だったことにもよく示されている。「近代の意識」の解離的な本質は現実に、そのような自己関係の学としての心理学を必要としたのである。

では、心理学とはどのような学問なのだろうか。

ギーゲリッヒ（Giegerich, W.）が指摘しているように、「人々の心理の学としての心理学」には、psychologyが二度登場する。彼によれば、「この二重性は、魂が自己関係であり、そのようなものとして同一性と差異性との同一性であるという事実を反映している。それは主体であり客体でもある。心理学においては、精神が精神（自体）を探究するのだ[15]」。

われわれは、このような二重性のなかに、心理学に最初から内包されているウロボロス的本質を見てとらなくてはならない。このような本質について、ユングが「……こころだけがこころを観察できる[16]」、あるいは、「……心理学的説明の対象と説明する主体とが同質である以上、説明が多様であるというのは端から不可避のことである。つまり、一つの心理学的なプロセスを説明するのはもう一つの別の心理学的なプロセスでなければならないのだ[17]」と述べていたことはすでに指摘した通りである。

このような意味において、心理学は、「一（unity）」を前提とした「解離」を内包することで成立すると言うことができるだろう。「本当の心理学は、『心理学』という科学でもなければ、人々が抱いている心理でもない。それはその双方の相矛盾した結合なのだ[18]」。

このような心理学の定義に従えば、以下のように、解離を心理学的に定義することが可能だろう。それは一方では、一つのものが二つに分割された状態であり、他方でその一つのものが自身の内側にその分割を抱えた状態であり、同時にそれら二つの状態の相矛盾した結合である、と。
先にも述べたように、このような「解離」と自身を反省する「近代の意識」とは分かちがたく結びついていて、言い換えれば、これが「近代」における〈私〉の定義でもある。だからこそ、「近代」の心理学や心理療法は、自身の成立要件でもある、そのような「解離」の修復を単純に目論むことはできず、むしろ「解離」や「自己との不一致」との一致を指向すべきであると言えるのである。[19]

3　「解離という病」の自己展開

「現代人にとっての心理学の意味」という論文でユングは、「人が意識的になった時、解離という病の萌芽がその魂に植えつけられた。なぜなら、意識は最高の善であると同時に最強の悪でもあるからだ[20]」（傍点筆者）と述べ、意識的になることと「解離」が植えつけられることの同時性、あるいは一体性を指摘している。

しかし、「解離」は決して、魂に「植えつけられた」ものではなく、魂が「つくり出した」ものであろう。そして、そのような「解離」の特異性は、「われわれの世界の解離という病は、同時に治癒のプロセスでもある。……分割をもたらすものが、結局のところ、結合を生み出す[21]」という点にある。

その意味で、十九世紀末にフロイトが創始した精神分析療法は、このような「解離という病」への、「近代の意識」を宿主とする心理学的なウィルスとしての「解離」への、そして、そのような「近代」における〈私〉へのワクチン療法であったと言えるだろう。[22]

（1）解離ウィルスへのワクチン療法としての精神分析

そのようなフロイトの精神分析療法が対象としたのは、ヒステリー、特に転換ヒステリーであった。先にも引用したように、『ヒステリー研究』でフロイトは「ヒステリー患者は主として想起を病んでいる」[23]と述べたが、ヒステリーは、解離ヒステリーと転換ヒステリーの別にかかわらず、「記憶」をめぐる障害であった。

歴史や神話の口承や古代ギリシアの記憶術や弁論術を例にもち出すまでもなく、「記憶」は、最も内的なもの、個人的なものであり、抑圧にせよ、健忘にせよ、「記憶」の欠損は、主体性の何らかの欠陥を意味していた。[24]だからこそ、催眠から前額法、さらには自由連想と精神分析の技法は変わっても、患者の「記憶」「想起」への着目は変わることなく、「想起」は、一つの「浄化（カタルシス）」と見なされ、それによって個人の主体性は回復すると考えられたのである。

このようなフロイトの精神分析療法は、ワクチン療法の本性として、その対象との同型性を有していた。このことは、精神分析だけではなく、患者に内省をすること求める、すなわち、「内省する自分」と「内省される自分」との「解離」を不可避的に強いる、それ以降の心理療法全般にも言えることであろう。そして、このような同型性のゆえ、ワクチン療法が産み出すことになるのが、ウィルスの「変異」である。

「解離」というウィルスへのワクチン療法としての精神分析療法もまた、そのような「変異」を産み出した。それが次に述べる「境界例」である。

（2）次世代ウィルスとしての「境界例」

精神分析療法が世界的に広まると、主として一九三〇年代から、精神分析療法を行うといわゆる悪性の退行を起こし、容易に精神病的な状態に陥る症例が報告されるようになった。これらの症例は、「境界精神病」と呼ばれ、フェダーン（Federn, P.）の「潜在分裂病」（一九四七年）、ホックとポラチン（Hoch, P. & Polatin, P.）の「偽神経症性分裂病」（一九四九年）、エクスタイン（Ekstein, R.）の「境界分裂病」（一九五一年）等の様々な概念化がなされた。

これらの「境界例（borderline cases）」は、一九五〇年代には、精神病の前駆的症状、あるいは、重症神経症と見なされていたが、一九六〇年代後半に入ると、カーンバーグ（Kernberg, O. F.）[25][26]が、一個の臨床単位ではなく、特異な人格の表出型として考えるべきであると主張するようになる。従来の精神分析は、「現実神経症」と「精神神経症」の別からもわかるように、その診断や治療において、「症状」に焦点を当てていたが、カーンバーグの「人格構造論」はそれを根本的に改め、それら表面的で当てにならない「症状」から、その背後にある「人格」に焦点をシフトすることを目論んだ。そして、この「人格構造論」に基づいて、それまで「境界例」と呼ばれていた症例たちは再編成され、三つの病態水準に対応するクラスターに振り分けられた「人格障害」として、DSM—Ⅲ（一九八〇年）[27]に記載されるに至ったのである。

このことはさらに、精神分析に技法自体の見直しを迫り、境界性人格障害に対する「転移に焦点づけた心理療法（Transference-Focused Psychotherapy）」（カーンバーグ、以下TFP）[28]、境界性人格障害に対する「直面化」（マスターソン（Masterson, J.F.））[29]や、自己愛性人格障害に対する「共感」（コフート（Kohut, H.））[30]など、多くの新しい治療技法や理念が生まれた。

（3）第三世代ウィルスとしての「多重人格」

今述べたTFPは、対象関係論を基盤として、自己表象と対象表象の分裂した部分の統合に焦点が当てられる。つまり、そこでは、個人は、自己と情動負荷を担った重要な他者といった、相反する諸表象を内的に包摂すべき存在と見なされるのだ。

第三世代の〈解離ウィルス〉は、世界中に、とりわけ、米国を中心に普及した、内的諸対象の統合に重きを置く、このような人間観に対する「レジスタンス（抵抗、あるいは耐性）」として発展してきたものであるように思える。それが「多重人格」である。

いわゆる多重人格の症例は、十九世紀末から二十世紀初頭にかけて数多く報告されたが[31]、一九二〇年頃を境にその後報告されなくなり、一九七〇年代になって再び、米国を中心に爆発的に報告されるようになった。[32] しかし、同じ「多重人格」と呼ばれる症例でも、両者には際立った違いがあった。それは後者における交代人格の数の多さと、カナダの哲学者ハッキング（Hacking, I.）の指摘した「ルーピング効果」の副産物とも言えるだろうが、それが面接室の内側に留まらず、その外側に問題の輪を広げていったこと、すなわち、社会現象化したことである。

ハッキングによれば、「ルーピング効果」とは、ある種のフィードバック効果であり、「ある方法で分類された人々は、自分たちが分類された通りに変化していく傾向がある。しかし同時に、彼らが変化していくにつれて、分類と記述は絶えず改訂されねばならない。多重人格はこのような効果を完璧なまでに説明した実例である」[33] という。

筆者には、多重人格の在り方の違いのうちの前者である「交代人格の多さ」は、先に述べたような対象関係論的な人間観、あるいは従来の人格概念へのアンチテーゼであり、後者である「社会現象化」は、あらゆる出来事を治療関係という二者関係へと還元していくＴＦＰ的な治療観に対するアンチテーゼであったように思える。

いずれにしても、そこではもはや、「人格構造論」も、それに基づく「病態水準」という観点も役に立たない。「多重人格障害」は、いわゆる「人格障害」ではなく、ＤＳＭ―Ⅳ（一九九四年）では、「解離性同一性障害」という診断名が採用されたが、心理学的にはそれでは何の解決にもならない。

また、そのような精神分析的心理療法を受けた結果、多重人格患者が、幼少時に親から虐待を受けたという「偽の記憶」を想起し、そのことで実際に親たちを訴えるといったことも頻発し、一九九二年には、そんな親たちを支援する「偽記憶症候群財団」が設立されるに至っている。多重人格は今や、一個の疾患単位を超えて、社会的な「多重人格運動」となり、まさにそのことによって、個室のなかで一対一で行う精神分析をも無効化したと言えるだろう。

4　解離性障害の心理療法

そうであるならば、多重人格障害も含めた今日的な解離性障害に対しては、どのような心理療法的なアプローチが可能なのだろうか。ユング派心理療法に何らかのチャンスはあるのだろうか。これらの問いに応えるため、ここではまず、多重人格障害に対する治療論として広く知られているパトナムのそれを批判的に検討したい。

(1)パトナムへの批判

パトナムは、自身の「発達的精神病理学」に基づき、主として「トラウマ」という観点から、「病的な解離」を理解することを試みる。

ヒステリーの病因としての「トラウマ」という理論は、十九世紀末にはすでにフロイトによって放棄されていたはずだが、ある見方をすれば、多重人格それ自体と共に、そのような理論もまたリバイバルしたということになるだろう。

　このような見方はそれ自体、先にも述べた「解離」が孕む空虚さに「トラウマ」という偽の詰め物をする、それで埋め合わせをするということにもつながる、すなわち、〈解離ウィルス〉に栄養を与え、その活発な自己増殖を可能にするものであるように思われる。

　つまり、われわれが認識すべきは、解離性障害の真の起源は「解離」それ自体ではなく、その否認であるということであり、ヒルマン（Hillman, J.）が適切にも述べたように、「トラウマというのは、実際に起こったことではなく、その起こったことを見る方法[34]」なのだ。

　このような理論における不適切性と同じく、「トーキング・スルー」や「マッピング」等を用いるパトナムの多重人格障害の治療技法は、的外れであるように思えてならない。それらは、人格概念がすでに時代遅れのものとなっていることを否認し、その不可避の結末として多重化した諸人格を操作的に統合することを目指すことで、無自覚のうちに、先に述べた「多重人格運動」に奉仕しているようにさえ思えるからだ。

　パトナム自身、「別々の人間に接するように交代人格たちとかかわるのは、治療上の深刻な過ちである。多くの交代人格が自分たちは独立した個々の人間であることを強く主張するが、治療者は、この分離の妄想（delusion of separateness）に巻き込まれてはならない[35]」と述べながら、「トーキング・スルー」においては、「ここにいる皆さんに、これから私の言うことにしっかりと注意を向け、気を散らしたりすることのないようお願いします。私は皆さんに耳を傾けてもらいたいのです」[36]（傍点筆者）と治療の口火を切ると述べる。

さらに「マッピング」については、以下のように説明する。

いったんマップをつくり上げると、そのコピーを患者と治療者の両方が保管するようにしなければならない。このマップは定期的に更新して、その時に新しくわかった空白部分をつけ加え、部分的な統合を描き入れ、新しくわかった交代人格を追加しなければならない。「最終的な統合」が実現するまでは、患者と治療者はいつもマップを見渡して、線引きがいい加減なところや曖昧な領域を探し続けなければならないのだ。[37]（傍点筆者）

何という非心理学的な作業だろうか。ここで見抜かれるべきは、患者の「分離の妄想」ではなく、治療者の「統合の妄想」であろう。

先にふれたカーンバーグの人格構造論では、たとえそれが歪なものであったとしても、一定の人格の統一性や統合性が前提とされている。しかしながら、多重人格障害の事例においては、そのようなものをわれわれはもはや期待するべきではない。それが意味するのは、〈解離ウィルス〉が世代を経て変異してきたのと同様、人格概念はもはやわれわれにとって心理学的なものではなくなろうとしている、ということであろう。

パトナムは、「交代人格」のヴァリエーションとして数多くの「〜人格」を挙げ[38]、その特徴を詳細に描出しているが、人格概念は、このように自身を多重化することで、心理学のレベルにおいて自らを時代遅れのものに、役立たずのものにしたとも言えるのである。

（2）病態水準以外の観点の必要性

人格概念や人格構造論が解離性障害の心理療法ではもう役に立たない以上、われわれ心理療法家は、病態水準とは別の観点をもつ必要がある。その一つの試みとして論じたいのが、「病理」の型としての「渦巻型」と「波紋型」であり、解離性障害は後者に分類されると考えている。「渦巻」がその内側に中心をもつように、「渦巻型」のケースでは、中心となる「病理」が比較的同定しやすい。逆説的ではあるが、心理療法にとって「病理」は、そのケースの「導きの糸」となり、ある場合には、「救い」にさえなる。

例えば、そのようないわゆる古典的な「病理」をもつ子どものセラピーとその母親面接が並行して行われる場合について考えてみよう。セラピーによって動き始める子どもの心的プロセスそれ自体が中心として周囲を巻き込む力をもっているので、母親面接においても、中心である子どもの心理療法のプロセスに母親がどのように巻き込まれていくか、さらに、そのなかで母親がいかにいったんは喪失した自らの方向性を回復していくかがその眼目となりうる。

しかし、「渦巻」とは違い、「波紋」には、その内側に中心はない。「波紋」が起こる端緒となるのはあくまでも、外的な力であり、それは外側に広がり、やがて消える。さらに、二つの「波紋」が相互に干渉し、より大きな「波紋」へと変わるような場合、生起した時系列上の順序や物理的な大きさは違っていたとしても、そのようなより大きな「波紋」への変容においては、いずれか片方が「主」で他方が「副」であるというわけではない。

解離性障害のクライエントのいわゆる解離状態での記憶が、本人の内側には決して保持されず、彼らのメールやインターネット上の書き込みを読んだ「他者」によって、あるいはパソコンや携帯電話という「外付のメモリー」によって保持されなければならないように、この種のクライエントにおいては、何かが起こるのも、何かが保持されるのも常に外側であるのが特徴である（先に述べた「トラウマ」も、彼らのそのような〝外付〟のための「グッズ」になりかねない）。

そして、彼らの話を実際に聴いていると、ウェブサイト上の出会いから始まることも多い解離性障害をもつ者同士のかかわりには、どちらかがどちらかを一方的に巻き込んでいくという「力動」は存在せず、むしろ互いのもつ相関性の高い「波紋」が干渉し合い、それが無制限に外側に広がっていくような印象を抱く。このような日常の臨床で抱く印象と、先にもふれた、多重人格における「ルーピング効果」やその社会運動化とはおそらく無関係ではあるまい。

「波紋型」という意味で、本章の冒頭でふれたユングの患者であったE嬢と同様、解離性障害のクライエントは容易に、外的なものの影響を受ける、あるいは、そうされることを心から望んでいる。パトナムはこのような彼らの傾向を「受動的な影響／干渉症状[39]」として記述した。

さらに言えば、先にもふれたように、記憶は古来、最も内的で個人的なものであると見なされてきたにもかかわらず、彼らの記憶は、心的ではなく物理的に外在化される。第9章で論じる「ユビキタス社会」においては、個人の記憶は記録化・情報化され、もはや「自伝的な記憶」、すなわち「物語」の生成は、従来通りの形ではなされえない。

このような解離性障害にまつわるあれこれは、先にもふれたように、古典的なヒステリー患者の抑圧された記憶は未だ、「無意識」、すなわち、彼らの内的な不可知の世界に留まることが可能であり、彼らが「主として想起を病んでいる」と言われたのとはまったく異なる事態なのである。

(3) ユング派心理療法に可能性はあるのか?

このような解離性障害の心理療法において、ユング派心理療法は何らかの可能性を有しているのであろうか。

まず、ヒルマンが指摘したように、[40] ユング心理学は、例外はあるにせよ、徹頭徹尾対立的に構成されており、自我／セルフ、内向／外向、個人的／集合的、アニマ／アニムス、意識／無意識、ペルソナ／シャドウ、人生の前半／人生の後半、エロス／ロゴス、セネックス／プエル等々、主要な概念はすべて対をなしている。このような意味で、ユング心理学はその構造としても、〈解離ウィルス〉と同型的である。

また、伝統的なワクチン療法においては、毒性を無くしたか、あるいは弱めた病原体から作られた人工の病原体を注入することで体内に抗体を作り、以後感染症にかかりにくくするわけだが、先に述べたように、〈ワクチン療法〉としての精神分析は常に、その弱めたものを投与することによって、〈解離ウィルス〉の抗体をつくることを試みてきた。このことは、寝椅子を用いた「自由連想」という精神分析に最も独自な技法にもよく示されている。このセッティングにおいては、寝椅子に横たわり自由連想を行っている患者と、その背後に座っている治療者との間の「解離」がつくり出されることが避けられない。その意味では、このようなセッティングそれ自体が、「近代」におけるこころの解離的な本質を具現化していたとも言えるだろう。

一方、第5章でもふれたように、ユング派心理療法は、あるいは少なくともユング自身は、面接のセッティングとして「対面法」を採用し、そこでは、患者と治療者は小さなテーブルを挟んで対峙する。このセッティングにおいては、二つの対峙している席とその間に位置するテーブルを通して、「近代」におけるこころの解離的な本質が強調され拡充されており、このようなセッティングが表す対立的な本性こそが、解離性障害に対してユング派の心理療法のもつチャンスを提供するように思われる。解離性障害のクライエントに対して、その「より強力な同型」としてのユング派心理療法は、彼らの「解離」という本質を拡充し、それ自体がもつテロスを実現しうるからだ。

ユングの「ファンタジー・イメージは自らの必要とするものをすべて自らの内に含んでいる」[41]という考えに従えば、「解離」もまた、自らに必要なものをすべて自らの内側にもっているのであり、それゆえ治療者は、「いかなるものも外側からもち込んではならない」のである。

ここである事例を紹介したい。

Bは、自傷行為を繰り返す三十代半ばの女性で、頻繁に記憶が欠落し、しばしばその際、リストカットやアームカットといった自傷行為を行っていた。主治医の診断は「境界性人格障害」である。彼女は、家庭をもっていたが、いくつものハンドルネームを使ってウェブサイト上で小説を書くことに一日の大半の時間を費やす日々を送っていた。

筆者との心理療法のセッションでは、はっきりと何らかの交代人格を呈するということはなかったが、Bはしばしば自身の内側に存在する別の人格について語った。治療者として筆者は、その各々に名前をつけるようなことも、もちろんマップをつくることもせず、各々のセッションにおいて無名の個人としての彼女に新たに出会うことを心がけていた。

心理療法を開始して五ヶ月が経過した頃、彼女は以下のような夢を報告した。

私は実家の玄関にいる。たくさんの人がやって来て、私に話しかける。ここで彼らと別れたら、二度と会えないことを私は知っている。しかし、それを口にすることができない。そして、ついに最愛の人が尋ねて来る。彼が立ち去ることを何とか妨げようとするが、最後には彼も去ってゆく。

この夢の最後に、夢の「私」はついに、自身の最愛の人を送り出す。彼女の心理療法のなかで、このことは非常に重要な意味をもっていたように思える。また、この夢のなかでは、夢の「私」

だけがすでに、彼らともう二度と会えないことを知っていることも大切であろう。

この夢が報告された後、彼女の自傷行為は徐々に収束していったが、このことが意味するのは、彼女の自己関係の変容であるように思われた。彼女は今や、物理的ではなく、「知る」こと、あるいは「内省する」ことによって心理学的に自身を傷つけることができる。

そのように、「内省（reflection）」は常に、主体が自身を傷つけその完全性を損なう行為であり、逆に言えば、そのことによって初めて、主体は主体たりうる。その意味で、そのようなwounded-nessやreflected-nessは、彼女が心理学的存在となりえたことを示しているように思える。

精神病理学者の森山公夫は、解離を「あなた」の喪失であり、すでに失った「あなた」を探し求める行為であると定義した上で、この失われた「あなた」との結びつきを回復することの治療における重要性を強調した[42]。このような彼の考えは、ややセンチメンタルであり、心理学的ではないように筆者には思える。本章で先に述べた「解離」の否認は、このような「あなた」の喪失の否認と等価だからだ。

この夢の「私」がしたように、「あなた」を純粋に失い送り出すことでしか、新しい「私」や新しい「あなた—私」の関係は、字義的で実体的な「あなた」の止揚として創造されえない。それゆえ、セラピストは、この失われた「あなた」の単なる代替であることを止め、「他者」であり続ける、あるいは、「他者」としてクライエントに対峙し続けなければならない。このことによってだけ、解離性障害の心理療法は本来の意味で自身を展開しうるのである。

幾人かの解離性障害のクライエントに「(ある言葉や出来事、さらには人格を)憶えておいて下さい」と頼まれたことがあるが、そのような場合、筆者はまず「はい、わかりました」とは言わない。記憶というものが、自らが自らに対して刻むものである以上、外側の何かに字義通りそれを刻むことは、不必要であり非治療的である。加えて、心理療法のセッションにおいては、あらゆるものは忘却可能であり、あらゆるものは過ぎ去ることができる。もしそれが許されないなら、「あなた」を失い送り出すことの意義について強調したのと同様、セラピストは「現在」、あるいは自らの眼前にある「この～(each-ness)」に集中することができなくなる。

解離性障害の心理療法と言わずとも、このような眼前の「レトルト」への専心は、第5章で詳しく論じたように、錬金術の精神に基づくユング派心理療法の精髄でもある。言葉を変えれば、そこにだけ、ユング派心理療法が自身を実現し、十全に心理療法が展開しうる新しい地平を切り開く可能性があり、解離性障害の心理療法においても、そのことには変わりがないと言えるだろう。

5　おわりに——解離性障害と発達障害とが形成する「スペクトラム」

本章で論じてきたように、第三世代の〈解離ウィルス〉がもたらす解離性障害が新しい時代精神の一つの産物であるなら、われわれ心理療法家は、それをも踏まえて、従来の心理療法がもっていた「前提」をよく見直す必要がある。

そのためには、本章でその一端を論じ、第8章でまた詳しく論じられることになるが、発達障害の心理療法において求められるのと同種の改訂が求められているように思える。序章でも述べたように、解離性障害と発達障害は、「人格の多重化」と「人格の無化」により、人格概念を、そしてそれを不可欠の前提としていた従来の心理療法を無効化したという見方もできるからだ。

その意味で、それら二つは、人間の主体性の確立という見果てぬ夢に奉仕しているとも言える、「近代」の心理療法というプロジェクトの自己展開上の交錯点としてある一つの「スペクトラム」を形成しているように思われる。「人格の多重化」であろうと「人格の無化」であろうと、第9章で「ユビキタスな自己意識」について論じる際、明らかになることと思うが、情報として外在化し遍在化した自己に規定される空洞化した〈私〉というスキーマは、両者において共通しているからだ。

（1）本章は以下の別稿を邦訳した上で、それに加筆修正を施したものである。Tanaka, Y. (2009). On dissociation as a psychological phenomenon. *Psychologia* 2008, 51(4), 239-257.
（2）CW 1, par.7.
（3）*ibid.*, par.26.

（4）*ibid.*, par.27.
（5）Eliade, M. (1968). *Shamanism: Archaic Techniques of Ecstasy*. Princeton: Princeton University Press, 1972.
（6）Ellenberger, H.F. (1970). *The Discovery of the Unconscious: The History and Evolution of Dynamic Psychiatry*. London: Fontana Press, 1994.（木村敏・中井久夫監訳『無意識の発見（上）（下）――力動精神医学発達史』弘文堂、一九八〇年。）
（7）Putnam, F.W. (1989). *Diagnosis and Treatment of Multiple Personality Disorder*. New York: Guilford Publications.
（8）*CW* 9-i, par.29.
（9）Walrond-Skinner, S. (1986). *Dictionary of Psychotherapy*. London: Routledge & Kegan Paul.
（10）恐ろしすぎる体験や異常な体験が、意識野での認知コントロールを超えてしまうと、その時に感じた恐怖や不快な感覚そのものは下意識に自動的に蓄積されるが、意識野からは分離されてしまう。意識野にない感覚の断片が病的な「心理自動症」として後になって表現されることを「解離」とし、その結果として広汎にわたる諸症状が生じることをヒステリーの名で呼ぶとジャネは主張した。
（11）*SE* 2, p.7.
（12）American Psychiatric Association. (1994). *Diagnostic and Statistical Manual of Mental Disorders, Fourth Edition*. Washington DC: American Psychiatric Association, p.477.
（13）Putnam, F.W. (1997). *Dissociation in Children and Adolescents: A Developmental Perspective*. New York: Guilford Publications, p.7.
（14）*ibid.*
（15）Giegerich, W. (1998). *The Soul's Logical Life: Towards a Rigorous Notion of Psychology*. Frankfurt am Main: Peter Lang, p.129.
（16）*CW* 9-i, par.384.
（17）*CW* 6, par.855.
（18）Giegerich (1998). *op.cit.*, p.130.
（19）田中康裕『魂のロジック――ユング心理学の神経症とその概念構成をめぐって』日本評論社、二〇〇一年、一七九頁以下。
（20）*CW* 10, par.291.

（21）*ibid.*, par.293.
（22）むろん、ここでの「療法《セラピー》」もまた、本書でここまでに述べてきたように、従来の「治療」概念の枠を越え、魂のつくり出した〈ウィルス〉の自己展開への奉仕を目的とするものであった。
（23）*SE* 2, p.7.
（24）このことは、「動物憑き（animal possession）」や「悪魔憑き（devil possession）」という「前近代」的な診断にもよく示されている。「憑依（possession）」が含意するのは、「主体性の喪失」であり、「記憶の欠落」である。
（25）Kernberg, O.F. (1967). Borderline personality organization. *Journal of the American Psychoanalytic Association*, 15, 641-685.
（26）Kernberg, O.F. (1975). *Borderline Conditions and Pathological Narcissism*. New York: Jason Aronson, 1985.
（27）American Psychiatric Association. (1980). *Diagnostic and Statistical Manual of Mental Disorders, Third Edition*. Washington DC: American Psychiatric Association.
（28）Foelsch, P.A. & Kernberg, O.F. (1998). Transference-Focused Psychotherapy for borderline personality disorders. *Psychotherapy in Practice*, 4(2), 67-90.
（29）Masterson, J.F. (1981). *The Narcissistic and Borderline Disorders: An Integrated Developmental Approach*. London: Brunner-Routledge.
（30）Kohut, H. (1971). *The Analysis of the Self: A Systematic Approach to the Psychoanalytic Treatment of Narcissistic Personality Disorders*. Boston: International Universities Press.
（31）例えば、以下の著書でプリンスが紹介する「クリスティーン・ビーチャム」の症例。Prince, M. (1906). *The Dissociation of a Personality: A Biographical Study in Abnormal Psychology*. Whitefish, MT: Kessinger Publishing, 2007.
（32）例えば、その先駆けとも言える一九七三年に出版されたシュライバーの『失われた私』に登場するシビルは十六の異なる人格をもっていた。Schreiber, F.R. (1973). *Sybil*. London: Penguin Books, 1974.
（33）Hacking, I. (1995). *Rewriting the Soul: Multiple Personality and the Sciences of Memory*. Princeton: Princeton University Press, p.21.
（34）Hillman, J. (1983). *Healing Fiction*. Dallas: Spring Publication, 1994.
（35）Putnam, F.W. (1989). *Diagnosis and Treatment of Multiple Personality Disorder*. New York: Guilford Publications, p.103.
（36）*ibid.*, p.197.

（37）*ibid.*, p.211.
（38）主人格／子ども人格／迫害人格／自殺者人格／保護者および救済者人格／内部の自己救済者／記録人格／異性人格／性的放縦人格／管理者および強迫的人格／薬物乱用者／自閉的人格および身体障害のある人格／特殊な才能や技術をもつ人格／無感覚あるいは無痛覚的人格／模倣者および詐欺師／悪魔と聖霊／オリジナル人格等々。
（39）Putnam (1997). *op.cit.*, p.88.
（40）Hillman, J. (1979). *The Dream and the Underworld*, New York: Harper & Row.
（41）CW14, par.749.
（42）森山公夫（聞き手＝高岡健）「解離論の新構築」『精神医療』第四二号、二〇〇六年、八―二九頁。

第8章　発達障害は心理療法をどう変えたのか？

1　「対象」によって常に改訂されるという心理療法の本性

心理療法の「対象」は、決して静的で固定したものではない。それは「時代精神の病」という言葉にもよく示されているように、それぞれの時代や文化、そして社会との相関において規定されるものであり、その意味で極めて動的で変転するものである。

また、いかにして神経症が「主体」として心理療法を創造したかを序章で論じたが、そのような意味で、心理療法においては、その「対象」は単なる「対象」ではなく、その「主体」でもある。ユング（Jung, C. G.）は「われわれが神経症を治すのではない。神経症がわれわれを治す[1]」と考えていたが、前章で論じたような心理療法の歴史に鑑み、さらにこのテーゼを敷衍すれば、「心理療法が境界例を治すのではない。境界例が心理療法を治す」のであり、「心理療法が多重人格

（解離性障害）を治すのではない。多重人格（解離性障害）が心理療法を治す」のである。言うまでもなく、このことは、「発達障害」にも当てはまる。

わが国において「発達障害」がとりわけ盛んに論じられるようになったのは、児童精神医学の領域では一九九〇年代後半以降、臨床心理学の領域では二十一世紀に入って以降のことである。[2]このような潮流を心理療法の側から説明すれば、前章で述べたように、二十世紀の後半、その焦点は、神経症の「変異」としての境界例によって「症状」から「人格」へと移されたが、さらに、その境界例の「変異」としての多重人格や解離性同一性障害によって、一九九〇年代を境に、「人格」から「発達」へと移されたとも言えるだろう。[3]

このように、「十九世紀初頭に狂気が本格的に医学化[4]」されて以降、とりわけ十九世紀末以降の「時代精神の病」は、自分自身が創出したとも言える治療の技法や理論に対して自らがアンチテーゼを次々と突きつける形で自己変異し、精神分析のみならず、心理療法それ自体を無効化するテロスをもっている。

そして、心理療法とは、一方では、そのような「時代精神の病」の自己展開の一部であり、他方では、それ自体、そのような「時代精神の病」と同型的に、（次章でふれるように、ハーバーマス（Habermas, J.）が「近代の意識」の特徴として挙げた）絶えざる「自己否定」を通して「治療《セラピー》ではない治療《セラピー》」として自己展開を果たしてきた。このような心理療法それ自体が元来孕むべき「自己否定」という動きを、ユングは「批判的心理学[5]」の必要性を説くことで示そうとしたように思える。

前章末で、新しい時代精神の産物に対して「従来の心理療法がもっていた『前提』をよく見直す必要がある」と述べたのは、このような心理療法の本性のゆえなのである。

2　「発達障害」による心理療法の無効化

前章では、文字通り「人格がたくさん」ある多重人格がそのような「人格の多重化」によって、いかにして心理療法を無効化したかを論じたが、それを模して言えば、「発達障害」は、従来的な意味での（あるいは、定型発達ベースで考えられていたような）「人格がない」ことによって、すなわち、「人格の無化」によって心理療法を無効化したと言えるだろう。

この「人格」に限らず、「発達障害」の心理療法においては、「内面性」や「主体性」等、従来の心理療法が当たり前の前提としていたものをもはや想定できない。むろん、このことは、「自閉症スペクトラム」の概念を提示したウィング（Wing, L.）[6]が「自閉性障害の三つ組」として挙げた、①相互的社会性の障害（視線が合わない、友人関係がつくりにくい、興味を分かち合いにくい）、②コミュニケーション能力の障害（相互性を欠き一方的であったり、理解に偏りがあったりする。ここには、言葉によるものと身振り手振りによるものの双方が含まれる）、③イマジネーションの障害（変化に対する抵抗があり、それゆえ、関心や活動の範囲は限定され、繰り返しを好む）、とも深くかかわっているのだろうが、そのような彼らに対する心理療法の難しさという点に焦点を当てれば、それは、序章でもふれた

「サイコロジカル・インフラ（心理学的な基部構造）」の未整備のゆえということになるだろう。

「サイコロジカル・インフラ」とは、「自意識」「自己意識」の成立とも深くかかわり、その個人の心的過程に「自己としての他者」や「他者としての自己」が介在することを可能とする「ストラクチュア（構造）」を意味している。それは、序章で述べたような、心理療法における「転移」という現象のベースとなっているばかりか、その個人の「自己感」「他者感」[7]の起源として、その未整備は、先に挙げた「自閉性障害の三つ組」を構造的に説明するものでもある。

このようなウィングの「自閉症スペクトラム」の概念は、自閉症を「知的、あるいは言語の障害」から「対人関係の障害」へとシフトさせたが、人間が人間のなかでしか生きられない以上、あるいは、心理療法が一つの、しかもかなり複雑な対人関係である以上、「発達障害」のクライエントが、たとえ軽度や高機能と呼ばれる範疇に属していたとしても、相当な生きにくさを抱えていることや、また、何らかの機会を通して彼らが心理療法につながったとしても、そのような彼らとの心理療法が容易でないことは想像に難くない。

「中核」に非常に軽度の高機能発達障害があり、それが様々な病態の「衣」をまとっている状態を「重ね着症候群[8][9]」として概念化した精神科医でありクライン派の精神分析家である衣笠隆幸は、「サイコロジカル・マインドの欠如」を彼らの心的な特徴として挙げ、分析的心理療法の適用外であることを主張したが、今述べたように考えれば、それは至極妥当であるようにさえ思われる。

しかしながら、これまでにも繰り返し述べてきたことだが、前節で述べたような「対象」によって常に改訂されるという本性をもちながら、心理療法がそのような「発達障害」を前にして「ないものねだり」をし続け、自身が変わろうとしないなら、それもまた、ある種の「逃避」であると断じられても致し方ないだろう。その意味で、「サイコロジカル・マインドの欠如」という状態には確かに、従来の分析的心理療法が想定していた「患者」の在り方がよく示されているが、もしそれが通用しないのであれば、分析的心理療法は、それを「行動化」する形ではなく、あくまでも「内省」、あるいは「内在化」する形で、自らの冠としての「分析的」であることそれ自体を見直し変えていくべきなのではないだろうか。

ここで言う「行動化」には、衣笠が主張している「分析的精神療法の対象としては積極的には選択せず、支持的ガイダンスや薬物療法などを中心にした治療法を選択[10]」することや、心理療法だけでは効果がないと考え、心理療法家が「療育」的なプログラムに倣い、自らのセッションに「訓練」的な要素を取り入れようとする、といったことが含まれている。

河合隼雄は、心理療法を「悩みや問題解決のために来談した人に対して、専門的な訓練を受けた者が、主として心理的な接近法によって、可能な限り来談者の全存在に対する配慮をもちつつ、来談者が人生の過程を発見的に歩むのを援助すること[11]」と定義したが、このことは「発達障害」の心理療法においても何ら変わりはない。

その意味では、われわれ心理療法家が専心すべきは、このような精神を保持しつつ、いかにして「発達障害」の心的世界を理解するか、いかにしてそのような理解に応じて、自らの心理療法の在り方それ自体を見直していくか、ということであるように思われる。

3 「発達障害」の心的世界──未だ生まれざる者たちのこころ

筆者はこれまで複数の論文で[12][13]、「サイコロジカル・マインド」の欠如した患者たちのマインド、あるいは、「サイコロジカル・インフラ」が未整備であるクライエントたちの心的世界の在り方の特徴を、以下のような五点として素描してきた。

① 「自分のなさ」「空っぽさ」とそれゆえのとらえがたさ
② 「干渉されやすさ」と「欠損感」
③ 実なき「張り子」の世界の住人
④ いかんともしがたい「産まれがたさ」──永遠の胎内在留願望
⑤ 「超えられなさ」と「際限のなさ」

これらの特徴すべてのベースにあるのは、彼らの「発達」における「心的未生性（psychic unbornness）」である。[14] 先にも述べたように、心理療法の焦点が今や「人格」から「発達」に移った以上、

「発達心理学」的に「発達障害」を論じるのではなく、「発達障害」の「発達」を心理学的に論じることは臨床的にも意味あることであるように思われる。

(1)「発達障害」の「発達」の非定型性

「発達障害」の「発達」を語る際、よく使われる用語として〈定型発達／非定型発達〉という対概念があるが、多くの研究者が指摘するように、[15][16] その分岐点は一歳以前の発達早期にある。

内海健は、この時期の子どもの「発達」について、「生後九ヵ月頃から、乳児の世界は劇的に再編される。実際、この時期には重要な発達指標が集中している」[17] と述べ、①ひとみしり（視線触発）、②みえる⇒みる（心的距離の形成）、③つかむ・とる⇒みる・さわる・ふれる（静観的態度）、④母が恒常的な対象になる、⑤指さしをする（共同注意）、⑥模倣（うつす・まねる）、⑦泣くことの道具的使用（デカップリング）の七つを挙げているが、これらはすべて、子どものこころにおける「二」の成立、すなわち、後に述べる「心的誕生」の成否にかかわっている。

例えば、「①ひとみしり」は、養育者とそれ以外の者との「区別」がなされることであり、そのような「区別」は、「④母が恒常的な対象になる」ことと深くかかわっている。この「④母が恒常的な対象になる」という出来事には、すでに自分と母親の「身体像」としての「分離」の契機が包含されており、それ以前の反射的・生理的なものではなく、そのような「関係」性の一表出として「⑥模倣（うつす・まねる）」の発現がある。そして、そのような自分と母親の原初的・

身体的な「分離」を前提とした「関係」の成立は、「⑦泣くことの道具的使用（デカップリング）」をも可能とするものなのだ。

また、「②みえる⇓みる（心的距離の形成）」「③つかむ・とる⇓みる・さわる・ふれる（静観的態度）」は、自分自身とモノとの「区別」にかかわっており、それまでのようにたまたま視界に入ったり手にふれたりという偶然性に委ねるのではなく、子どもの主体的行為として、わざわざ「対象」を「みる」「さわる」「ふれる」ことが可能になることを意味するのだろう。その意味で、「⑤指さしをする（共同注意）」は、「②みえる⇓みる」「④母が恒常的な対象になる」のコンビネーションによって発現する現象とも考えられる。

このように見れば、〈定型発達／非定型発達〉の分岐点にある「乳児の世界の劇的な再編」において、子どもの心的世界にある種の「分化」「分割」が実現し、「二」が初めて意味あるものとなるという言い方もできるだろう。「発達障害」は、そこに何らかの躓きを抱えている、あるいは、そのような「発達」の「非定型性」を有しているのである。

（2）人生における三つの「誕生」

前項で論じたような「二」への移行、すなわち、そのような「分化」「分割」については、「発達」ではなく、「錬金術」を論じるなかで、ユングが「二」について次のように述べていることがたいへん示唆に富む。

二への分割は、潜在性・可能性の状態である一なる世界をリアリティーに移行させるためには、必要不可欠である。リアリティーは諸物の多様性で構成されている。しかし、一は数ではない。二こそが最初の数であり、その二をもって多様性とリアリティーは始まるのである。[18]

ユングがここで論じているのは、「誕生」のテーマであろう。「二への分割」以前には、すなわち、この世界に本当に生まれ出ることなしには、「多様性とリアリティー」は始まらない。このような「発達障害」における「二」への移行の躓き、あるいは停滞が心理学的に意味するのは、彼らが「未だ生まれていない」ことを示しているのではないかと筆者は考えている。

以前にも紹介したように、[19][20][21]ギーゲリッヒ（Giegerich, W.）は、人生において「三つの誕生」、すなわち、「生物学的誕生」「心的誕生」「心理学的誕生」を想定した。[22]言うまでもなく、「生物学的誕生」は、文字通り、ヒトの生き物としての「誕生」であるが、ヒトはそれだけでは決して「人間」にはなれない。「人間」になるためには、この世界に心的に参入することが不可欠であり、それが「心的誕生（psychic birth）」である。

この「誕生」を成し遂げるため、子どもは、自分という概念（心理学的に言えば、子どもは様々な発達可能性・変容可能性を内包する一つの「概念（concept）」である）に対する準拠枠を見出し、その概念の「偶有的な運び手（accidental carrier）」となる人に自分自身を結びつけなければならない。このような世界への心的な移行は、そのように、自分自身と世界との間に論理的に立つ、例えば「母親」

というリアルな人間に結びつくことによってだけ、すなわち、留保なく彼らが提供する心理学的な庇護に、子どもが自分自身を埋め込むことによってだけ可能となるという。

しかしながら、「誕生」が何らかの庇護的で包んでくれる子宮や繭の「内側」から開かれたところへ出ることを意味するなら、このような「心的誕生」においては、心理学的にはその子どもはまだ誕生しないままに留まっていることになる。その意味で、心的に誕生し、具体的な概念になったものの、子どもは未だ「心理学的誕生（psychological birth）」からははるか遠くにいる。そこでは、自分自身が自分という概念の「運び手」となることが求められ、次項でも述べるように、従来の心理療法が「対象」としてきた神経症、精神病、さらに境界例は、この「心理学的誕生」をめぐるそれぞれの形での混乱、すなわち、「心理学的未生（psychological unborn-ness）」であると言えるだろう。

「発達障害」は、そのような〈神経症／境界例／精神病〉とはまったく水準を異にし、「心的誕生」が果たされていないという意味での「未生性」、すなわち、「心的未生」をめぐる事態である。以前にも指摘したが[23]、このような「未生性」によって、よく知られている自閉症児の発達的な特徴である「ひとみしりがない」「母親の後追いをしない」「視線が合わない」等はよく説明される。

彼らは未だ自分自身をそのような自分という概念の「運び手」につなぎ止めることができずにいる。だからこそ、そのような「運び手」（＝母親）とそれ以外の者との区別は生じず、それを追尾しようとはせず、その瞳や視線のなかに自分自身を感じることも見出すこともできない。心的に誕生していない、すなわち、未だ心的には子宮のなかにいる彼らには、そんなことができるはずもないし、する必要もない。

さらに、「心的未生」という文脈で言えば、本節の冒頭に挙げた「発達障害」の心的世界の諸特徴のうち、「①『自分のなさ』『空っぽさ』とそれゆえのとらえがたさ」が意味するのは、彼らが自分という概念を抱えてくれる「運び手」（ギーゲリッヒは「ドック（dock）」という言い方もする）に未だつなぎ止められておらず、それゆえにその中身（可能性）は開かれることなく（囲われることなく）空虚なものとなり、その当然の帰結として「何」にもならない、「何」にも同定されないままに留まる、ということであろう。「③実なき『張り子』の世界の住人」は、今述べたような彼らの存在は、実感に根差したものではなく、表面的なものにならざるをえないということを、①とは言葉を変えて表現したものである。

また、「②『干渉されやすさ』と『欠損感』」は、そのようにドックにつながれておらず、なおかつ、エンジンももたない船は大海上では潮の流れに身を任せ風に吹かれるままになるしかなく、外的なものからの「干渉」に極めて動かされやすいことを、そして、そのような「ドック」も「エンジン」ももたない彼らは、自分は他者と比べて劣っているという「劣等感」ではなく、自分には根本的な何かが欠落しているという払拭しようのない直感としての「欠損感」を抱かざるをえないということを意味している。

「④いかんともしがたい『産まれがたさ』――永遠の胎内在留願望」は、本節で述べてきた「未生性」それ自体であり、言葉を加える必要はないだろうが、「⑤『超えられなさ』と『際限のなさ』」について言えば、それは、彼らの「ドック」につながれていない様、自分という概念が未だ明確でない様に応じた、向こう側の世界の成立しにくさを言い表そうとしたものである。こちら側がはっきりと成立しない以上、あちら側との境界もまた明確にはならず、それゆえにそれを超えることは不可能であり、そこでの彼らの動きは、グルグルと際限のない循環に陥らざるをえない。[24]

（3）病態水準以外の観点の必要性、その2——「発達スペクトラム」

前章においても筆者は、解離性障害に関して「病態水準以外の観点の必要性」という項を設け、「渦巻型」と「波紋型」を、解離性障害は後者に分類されることを述べた。「発達障害」も言うまでもなく、この二種で言えば、「波紋型」に分類される。

ここではさらに、前項で詳述した「未生性」を一つの基準とした観点を提示し、「病態水準」との比較を通して、〈神経症／境界例／精神病〉という三つの病態と「発達障害」との差異について論じたい（図1）。ポイントとなるのは、各々が「心的未生」をめぐる事態か、「心理学的未生」をめぐる事態かという点である。

〈神経症／境界例／精神病〉は、「渦巻型」と「波紋型」の別で言えば、もちろん前者のタイプである。それは、先にもふれたように、「心理学的未生」をめぐる事態であり、旧来の「人格構

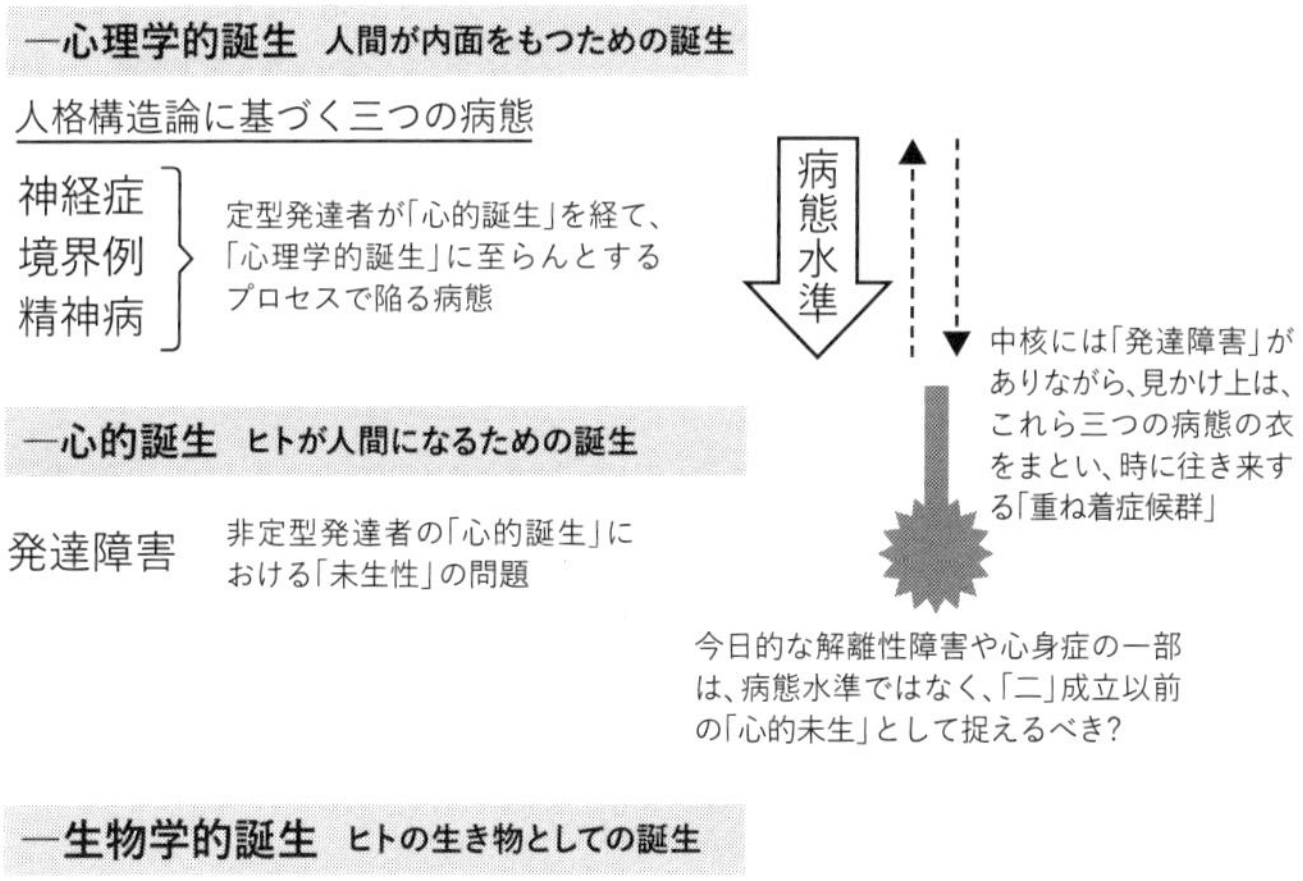
一心理学的誕生　人間が内面をもつための誕生
人格構造論に基づく三つの病態
神経症
境界例
精神病
定型発達者が「心的誕生」を経て、「心理学的誕生」に至らんとするプロセスで陥る病態
病態水準
中核には「発達障害」がありながら、見かけ上は、これら三つの病態の衣をまとい、時に往き来する「重ね着症候群」
一心的誕生　ヒトが人間になるための誕生
発達障害
非定型発達者の「心的誕生」における「未生性」の問題
今日的な解離性障害や心身症の一部は、病態水準ではなく、「二」成立以前の「心的未生」として捉えるべき？
一生物学的誕生　ヒトの生き物としての誕生

図1　三つの「誕生」と「発達障害」、三つの病態

造論」に基づく「病態水準」の観点で見立てることができる病態である。

また、〈定型発達／非定型発達〉の別で言えば、これらは「心的誕生」を経た定型発達者が「心理学的誕生」に至らんとするプロセスで陥る病態であり、非定型発達者の「心的誕生」の段階での躓きとしての「発達障害」とは根本的に異なっている。この文脈で言えば、神経症は「心理学的誕生」への「逡巡」、笠原嘉が「出立の病[25]」と呼んだ統合失調症は、そこでの「挫折」やそれによる極端な「退行」、その文字通りの境界である境界例は、それらの心的状態がセラピーのフェーズやセラピストとの関係において容易に揺れ動く「不安定」であると言えるだろう[26]（次章において論じるが、今日的な「解離性障害」や「心身症」の一部は、病態水準ではなく、「二」成立以前の「心的未生」として捉えるべきなのだろう）。

先に「重ね着症候群」についてふれたが、大人の発達障害は当初それとは診断されないことも多く、表面的に見れば、彼らの訴えは、時に神経症的、時に人格障害的、時に精神病的であったりするので、実際、「病態水準」の観点は有用ではない。図1を見るとよくわかるだろうが、この「病態水準」の観点から「見立て」や「診断」ができるのは、あくまでも〝定型発達者が「心理学的誕生」に至らんとするプロセスで陥る病態〟についてであり、「非定型的病像」を呈しやすいと言われる[27]「非定型発達者」の呈する精神症状に対してそれを適用するのは難しい[28][29]。

このように考えると、「発達障害」が「今世紀の初頭を代表する障害となっている」[30]今日、心理療法家は、来談した事例の「見立て」や「診断」に際して、もはや「病態水準」の観点に一面的に依拠することはできず、先にもふれたウィングのカナー型からアスペルガー型までに至る「自閉症スペクトラム」ならぬ、「定型発達」から「非定型発達」までに至る「発達スペクトラム」のなかに自らのクライエントをまずもって位置づける必要に迫られていると言えるだろう[31]。

「発達障害」であっても相談機関・医療機関でそうとは見立てられない、あるいは診断されず、「強迫神経症」や「統合失調症」、あるいは「境界性人格障害」等と見なされていたクライエントが以前には多かったのとは反対に、今日においては、「発達障害」でなくてもそう見立てられたり、診断されたりするクライエントが多くなっている可能性は否定できないし、実際にも臨床の場ではそのような感を強く抱く。

このような現状にあって、今述べたような「発達スペクトラム」という観点をもつことは、「発達障害」であるか否かという心理療法を行う上ではあまり役に立たない「雑」な議論を回避し、今日の心理療法において何より必要な発達「グレイゾーン」の細やかな識別を可能にするという意味で、臨床的に有用である。さらに言えば、そのことによって、これまで慣れ親しんできた〈神経症／境界例／精神病〉という「病態」についての理解を相対化し、より精緻なものとすることも可能となるのである。

4　「発達障害」による心理療法の改訂

衣笠が述べたように、従来の分析的心理療法は発達障害を治せない。しかしながら、そもそもの話として、「発達障害」というのは、治すべき「対象」なのだろうか。

精神科医の青木省三が言うように、「理解としては発達障害を広くとり、診断としては発達障害を狭くとる[32]」を臨床の基本とするなら、われわれ心理療法家が「発達障害」を臨床的に定義する際には、いわゆる定型発達者の精神生活においても時に垣間見られるものとして「発達障害」性を捉え、その本質を「遅れやバラつきも含めた精神発達の偏り」とする程度にとどめるのが妥当であろう。先に提示した「発達スペクトラム」という観点にもその精神は活かされている。

そして、もしそうだとすると、極端な言い方をすれば、発達の「遅れやバラつき」は誰しもが抱えるもので、そのような「発達障害」の心理療法は当然の帰結として、〈治す／治る〉とは別の次元に自身を定位せざるをえないことになる。つまり、「発達障害」は端から、心理療法によって「治す」ものでも「治る」ものでもない。[33] にもかかわらず、セラピストがそれを無視して、いわゆる「治す」ことをその目標とするなら、「健常」という言葉を使おうと、「定型発達」という言葉を使おうと、そこからの「逸脱の矯正」がやはり目指されることになり、そのような心理療法は大きな自己矛盾に陥ることになる、ということだ。

その意味では、「発達障害」の心理療法では、それが「軽度」か「重度」かにかかわらず、セラピストの側がいかに「治す」ことから自由になれるかにその成否がかかっているとも言えるだろう。ここにも、第6章で述べた「心理療法の本性としての〈非治療性〉」は深くかかわっている。

このように、「発達障害」が心理療法によって「治す」ものでも「治る」ものでもないのであれば、われわれ心理療法家は何をもってそれに当たればよいのだろうか。そこでは、すでに述べた通り、その心的過程に「自己としての他者」や「他者としての自己」が介在すること、すなわち、「サイコロジカル・インフラ」の存在は想定できず、彼らは十一元三が言うような「人への本能的相互反応性」の次元で問題を抱えている。[34]

筆者はこれまでにそのような彼らに心理療法を行う際のセラピストの側が留意する具体的なポイントとして、以下の五つを挙げて論じてきた。[35][36]

① 治療的ファンタジーとしての「深層」の放棄

②　治療的スタンスとしての「中立性」の放棄
③　治療的ゴールとしての「適応」の放棄
④　「剥き出しにする」こと
⑤　「蹴り出す」こと

ここでは、これらのポイントを、①から③の〝心理療法における「三つの放棄」〟を中心に、「サイコロジカル・インフラ」が整備されていない、すなわち、「二」以前の「心的未生」の状態にあるクライエントとのかかわりという観点から論じ直したい。

(1) 治療的ファンタジーとしての「深層」の放棄

「発達障害」のクライエントは、大人の事例であっても、いわゆる「現症歴」「生育歴」「家族歴」を適切に、あるいは適当にも語れないことが多い。幼少期について尋ねた際、「あまり覚えていません」という答えが返ってくるのはよくあることで、生育歴や個々の家族成員に関して、彼らが具体的なエピソードや印象を語ることはまれである。

産業臨床の領域で出会う長期にわたって休職・復職を繰り返しているような事例でさえ、彼らは今に至る経過について詳細に語れない、あるいは、見方によっては、語る気がなさそうに見えたりもする。さらに、彼らがそれらについて語ってくれたとしても、その語り口は、「〜みたいです」「たぶん〜」「おそらく〜」といった具合にひどく曖昧、かつ傍観者的で、出来事から隔たりがあり、あたかも俯瞰しているようでさえある。

心理療法においてクライエントが語る「現症歴」「生育歴」「家族歴」はすべて、hi-storyという言葉の通り、一個の主体が開示する「物語」「お話」であり、今述べたような発達障害の事例における「お話にならなさ」は、彼らの「自分のなさ」を如実に示すものである。このことは、第7章において、中心をもたない「波紋型」の病理の事例では、『自伝的な記憶』、すなわち『物語』の生成は、従来通りの形ではなされえない」と述べたこととともかかわっている。

そして、もしそうであるならば、セラピストの側で留意すべきは、そのような「発達障害」のクライエントに無理に「お話」をつくらせない、ということになるだろう。彼らが「覚えていない」のは、精神分析で言われるような「隠蔽」や「抑圧」のゆえではない（隠したり、押し込めたりできるのであれば、「二」がすでに機能している）。「発達障害」の心理療法においては、そのような「お話にならなさ」をそれ自体として受け止め、クライエントの内面にあって未だ語られざる「深層」というファンタジーをセラピストの側が放棄しなければならないのだ。

「心的誕生」を未だ経ていない「二」以前のクライエントは、対人関係でも「自他」の線引きがしにくく、周囲にいる人の言動や自分が置かれた状況、あるいはそこに漂う雰囲気のようなものに「干渉」を受けやすい。先にも述べたように、彼らはそれ自体対人状況に他ならない心理療法においては、セラピストという眼前の「人」やセラピーという「場」に合わせようとする傾向があるのだ。それゆえ、セラピストが実際の面接場面で、もしありもしない彼らの「深層」を探究しようとする態度に終始するなら、彼らはそれに合わせてそれらしい「お話」をするだろうし、まさにそのことによって、彼らの見立てや診断はより困難なものとなり、心理療法自体の進展が妨げられることになるだろう。

（2）治療的スタンスとしての「中立性」の放棄

精神分析家の臨床的態度としての「中立性」は、被分析者の側に主体があることを想定したものである。

「白いスクリーン」という比喩によく示されているように、主体的であることによって、被分析者は、自らの内的なものを「白いスクリーン」としての分析家に投影することができる。しかし、この種の機序は、心的過程に「自己としての他者」や「他者としての自己」が介在することを想定できない、すなわち、「サイコロジカル・インフラ」の存在を想定できない「発達障害」の心理療法ではうまく働かない。

もしわれわれがいつも通り、中立的であることに留まろうとするなら、それは二枚の「白いスクリーン」がお見合いしているようなものであり、そこには、永遠に何も起こらない。それゆえ、われわれ心理療法家の側が時に及んでは、発達障害のクライエントに様々な形で自分自身の主体を明示しなければならないのだ。

例えば、大人の発達障害のクライエントが、セラピストが既婚であるか、どこに住んでいるのかといった個人的な事柄を尋ねてくることがある。旧来的な心理療法では、このような場合、直接それに応えるのではなく、「どう思われますか?」「どうして尋ねたくなったのでしょう?」という具合にセラピストは「中立性」を保った受け答えを心掛け、クライエントが自らの抱いている願望に目を向けることを促すのだろうが、「発達障害」の心理療法では、このような受け答えにはあまり意味がない。

先にも述べたように、自分という概念を抱えてくれる「運び手」に未だつなぎ止められておらず、それゆえにその中身を開かれることも囲われることもなく、空虚なままにいる彼らは、そのように目を向けるべき願望をもち合わせておらず、たとえ自主的・自発的に来談したような場合でも、二者的な対人状況である面接場面において、間がもたなくてそのような質問をしていることも多いからだ。

そのような場合、セラピストは、「中立性」を保つのではなく、むしろそれを破って、はっきりと直接的に事実を伝える方が、「他者性」をもったセラピストとしてのインパクトを与えうることもある。

このように、セラピストが「生の他者」としてそこに存在することは、「二一」以前の「心的未生」の状態にある「発達障害」の心理療法では非常に重要である。そのことよって初めて、彼らが生きる「自他」が未だ不分明な世界に、「境界」が生まれることにもなるからだ。

④『剥き出しにする』こと」は、このようなかかわりの本質を言い表そうとしたものでもある。「重ね着症候群」の概念からもわかるように、そのような高機能、あるいは軽度と言われる「発達障害」のクライエントは、「自分のなさ」ゆえに様々な「病理」の「衣」をまとという。そして、そのような「衣」は「病理」に限らず、「普通」という「衣」の場合もある。彼らは「普通」のふりをしている、適応しているふりをしている。もちろん、このように「ふり」ができることは、彼らのもっている能力の証であることも確かだが、他方で彼らが「素」としてこの世に産まれ出ることを難しくしているとも言えるだろう。

だからこそ、そこでのセラピストは「剥き出し」の「生の他者」として、決して「技法」の背後に身を隠すことなく、今述べたように、「衣」をまとった「発達障害」のクライエントを「剥き出しにする」ことが求められるのだ。

（3）治療的ゴールとしての「適応」の放棄

「発達障害」の心理療法においても、長年の経過の末に、復学したり、結婚して子どもをもうけたり、正社員として就業したり、いわゆる「適応」を果たす形で終結することはある。しかしながら、これはあくまで、「結果」としてそうなったのであって、決して「目標」ではない。「発達障害」のクライエントは、先にも述べたように、「自分には根本的な何かが欠落しているという払拭しようのない直感」としての「欠損感」を抱いているがゆえ、「適応」に向かって、文字通りの「手本」をもち、それを参照しようとする傾向がある。このような傾向は、セラピストとの関係にももち込まれがちで、彼らはセラピストに何かを教えてもらいたがったり、何かについてアドバイスをもらいたがったりすることが少なからずあるが、このような〈教える／教えられる〉関係にはまってしまうと、心理療法は進展しなくなる。

そうではなく、セラピストは、彼らの「二」以前の世界、「多様性とリアリティー」が始まらない「心的未生」の世界とあくまでも対峙して、それを外側から埋めようとせず、彼らに「適応」のための具体的な何かを教えようとせず、先にも述べたように、そこに「生の他者」としての自らが主体性をもってかかわっていくことが求められている。

「⑤『蹴り出す』こと」は、そのようなクライエント―セラピスト関係の在り方の本質を言い表そうとしたものである。「発達障害」に限らず、広く心理療法においては、セラピストは、可能な限り、クライエントの体験世界に参入すること、すなわち、クライエントと同一の地平に立つことが求められる。しかし、本章で述べたような心的世界に住まう「発達障害」の心理療法では、セラピストへのこの要請は、以下に述べる通り、より強度を増す、あるいは厳密さを増すと言えるだろう。

「心的誕生」を未だ果たしていない、その意味で「羊水」のなかに未だまどろんでいる彼らは、「子宮」の外側にある「異質なもの」からは何も学ぶことができない。その意味で、セラピストは、彼らと同じＤＮＡをもった「双子」の片割れであることが必要である。

「発達障害」の心理療法においては、そのような意味での「同質」性を、クライエントとセラピストが共有していなければならない。しかしながら、ここで言う「同質」が意味するのは、「双子」や「分身」のイメージがそうであるように[37]、単に「同じ」ということではなく、「同じであることと違っていることとの同時性」「つながっていることと切れていることとの同時性」である[38]。

ヒルマン（Hillman,J.）が適切にも「似たものだけしか対立できない[39]」と述べたように、単に同じだったりつながっていたり、単に違っていたり切れていたりするだけでは、セラピストは、彼らを「蹴り出す」ことはできない。つまり、「蹴り出す」ためには、両者が同じレベルにいることが必要であり、かつ切れていなければならないのだ。

加えて、「蹴り出す」ためには、第7章で「解離性障害」に奏功しうる心理療法の可能性について論じた際と同じ意味で、セラピストが「より強力な同型」であることが必要である。そうでなければ、われわれは、「二」以前の世界に住まう彼らのもつ「融合（一）」を希求する強大な力に巻き込まれ、共に「心的未生」のままセラピーという「子宮」に永遠に留まることになるだろう。

このようなセラピストの「より強力な同型」性によって体現されるのが、心理療法におけるセラピストの「他者性」、セラピストがそこに「生の他者」としてあり続けることである。セラピストがクライエントと共にいる「子宮」は決して、一つの実体として存在しているわけではなく、〝そこから「出る」ことで初めて内と外の境界ができるもの〟である。その意味で、われわれセラピストは常に、彼らの「双子」の片割れとして、彼らを何処かはわからない外へと「蹴り出す」ことを試みなければならない。そのことを通してだけ、内と外、自と他の「境界」がそこには生まれ、クライエントとセラピストはそこでだけようやく、本当の意味で出会うことが可能となる。そして、その出会いの一瞬こそが、「発達障害」の心理療法の目指すところでもあるのだ。

もはや言うまでもないことだろうが、このような「何処かはわからない外」は、〝治療的ゴールとしての「適応」〟ではありえない。にもかかわらず、われわれ心理療法家は、「心理学的な意識」を失い、彼らの「適応」や彼らを「治すこと」をわれ知らず、あるいは無意識的にその目標として想定し、その結果、彼らの生きている（リアリティーを欠いた）リアリティーを尊重できなくなりがちである。なぜなら、そうすることで、われわれは、彼らに見せかけの「適応」を強い、時には彼らをますますマシーンのようにしてしまうことにもなるからだ。

そうではなく、彼らの表面的な語り、日常的な現実に直接的に結びついた深みのない夢、反復的に繰り返される箱庭表現、うわべだけの奇妙な描画等を通して、そのような彼らの特性を「障害」ではなく、彼らの生きているリアリティーとして認識することで、われわれは心理療法において彼らの「誕生」の瞬間に立ち会うことに集中すべきなのだろう。足りないものとして何かがそこに補填される必要はないのである。

5　おわりに

本章で述べてきたように、「サイコロジカル・インフラ」の存在を想定しえない、「心的未生」の世界に住まう「発達障害」の体験世界には、未だ「他者」は存在せず、「自己」は一つの定点として機能しない。そして、そのため、彼らの「語り」や「問いかけ」は否応なく、羅列的に単に空虚さを埋めるものとなり、「自己」から「他者」に向けられたものとはなりえない。「多様性とリアリティー」に開かれていない、すなわち、奥行きのない世界には、切迫感や当事者感といったものは介在しえず、実感に根差さない言葉の束があるのみである。

前章末でもふれたように、このような〝「サイコロジカル・インフラ」の喪失〟は、「発達障害」のみならず、「解離性障害」にも通底する事態であり、いわば「今日の意識」が抱えている一連なりの問題群と言っても過言ではない。「自己」というものさえ、「自己」という感覚さえ、時代の流れのなかで変遷を遂げていくことをわれわれは、そのようなクライエントたちとの心理療法を通して身をもって学び、さらには、否応なしにではあっても、そのような新しい「自己」の在り方に自らを開いていかねばならないのである。

（1）CW10, par.361.
（2）高岡健『自閉症論の原点――定型発達者との分断線を超える』雲母書房、二〇〇七年。
（3）田中康裕「発達障害の広がりとその心理療法――『グレイゾーン』の細やかな識別と『発達の非定型化』という視点」河合俊雄・田中康裕編『発達の非定型化と心理療法』創元社、二〇一六年、一二二―一四三頁。
（4）内海健「精神の病が映す『こころのゆくえ』――統合失調症と自閉症」大澤真幸編『宗教とこころの新時代』岩波書店、二〇一六年、一六九頁。
（5）CW10, par.350.
（6）ローナ・ウィング（久保紘章他訳）『自閉症スペクトル――親と専門家のためのガイドブック』東京書籍、一九九八年。
（7）Stern, D. (1985). *The Interpersonal World of the Infant: A View from Psychoanalysis and Developmental Psychology*. New York: Basic Books.（小此木啓吾他訳『乳児の対人世界』岩崎学術出版社、一九八九年。）
（8）衣笠隆幸「境界性パーソナリティ障害と発達障害――重ね着症候群について」『精神科治療学』第一九巻第六号、二〇〇四年、六九三―六九九頁。
（9）衣笠隆幸「重ね着症候群と軽度発達障害」石川元編『スペクトラムとしての軽度発達障害Ⅰ（現代のエスプリ四七四）』至文堂、二〇〇七年、六二―六九頁。
（10）衣笠隆幸「パーソナリティ障害と発達障害――重ね着症候群の研究」松本雅彦・高岡健編『発達障害という記号』批評社、二〇〇八年、六〇頁。
（11）河合隼雄『心理療法序説』岩波書店、一九九二年、三頁。
（12）田中康裕「成人の発達障害の心理療法」伊藤良子・角野善宏・大山泰宏編『「発達障害」と心理臨床』創元社、二〇〇九年、一八四―二〇〇頁。
（13）田中康裕「大人の発達障害への心理療法的アプローチ――発達障害は張り子の羊の夢を見るか？」河合俊雄編『発達障害への心理療法的アプローチ』創元社、二〇一〇年、八〇―一〇四頁。
（14）田中康裕「未だ生まれざる者への心理療法――大人の発達障害における症状とイメージ」河合俊雄・田中康裕編

『大人の発達障害の見立てと心理療法』創元社、二〇一三年、二一―四一頁。
(15) 杉山登志郎「高機能広汎性発達障害の精神病理」『精神科治療学』第二三巻、二〇〇八年、一八三―一九〇頁。
(16) 広沢正孝『こころの構造からみた精神病理――広汎性発達障害と統合失調症をめぐって』岩崎学術出版社、二〇一三年、三六頁。
(17) 内海健『自閉症スペクトラムの精神病理――星をつぐ人たちのために』医学書院、二〇一六年、五七頁以下。
(18) CW14, par.659.
(19) 田中前掲13。
(20) 田中前掲14。
(21) 田中前掲3、一三二頁以下。
(22) Giegerich, W. (2009). "Irrelevantification" or: On the death of nature, the construction of "the archetype," and the birth of man. In *Collected English Papers of Wolfgang Giegerich, Vol. 4*. New Orleans: Spring Journal Books, pp.387-442.
(23) 田中前掲13、九一頁。
(24) そのような「動き」は、セッション中の「語り」、訴えられる「症状」、報告される「夢」等にもよく示される。具体的には、田中前掲13（九六頁以下）に紹介されている事例の「強迫症状」や「夢」を参照のこと。
(25) 笠原嘉『青年期――精神病理学から』中央公論新社、一九七七年、一六五頁以下。
(26) この不安定さは、境界性人格障害のメンタリティーを形容する言葉に「不安定のなかの安定（stable in un-stability）」があるように、「不安定な人格」としてのある種の堅固さや一貫性をもち合わせており、発達障害のクライエントの「自分のなさ」とは異なっている。
(27) 青木省三・村上伸治編『大人の発達障害を診るということ――診断や対応に迷う症例から考える』医学書院、二〇一五年、九頁以下。
(28) 広沢前掲16、一三三頁以下。
(29) 内海前掲17、二三九頁以下。
(30) 同書、一七〇頁。

(31) 田中前掲3、一二九頁。
(32) 青木省三「総論　成人期の発達障害について考える」青木省三・村上伸治編『成人期の広汎性発達障害』中山書店、二〇一一年、一四頁。
(33) このことは、「発達障害」の心理療法が、非定型発達者がその発達の非定型性ゆえに二次的に抱えがちな「適応障害」にだけかかわればよいということも意味しない。本章の以下に示されるように、〈治す／治る〉という次元を離れ、心理療法はそれでも、そのクライエント全体にかかわろうとしなければならないのである。
(34) 十一元三「広汎性発達障害を持つ少年の鑑別・鑑定と司法処遇——精神科疾病概念の歴史的概観と現状の問題点を踏まえ」『児童青年精神医学とその近接領域』第四五巻、二〇〇四年、二三八頁。
(35) 田中前掲12、一九三頁以下。
(36) 田中前掲13、九九頁以下。
(37) Lash, J. (1993). *Twins and the Double*. London: Thames and Hudson, p.48.
(38) 田中康裕『魂のロジック——ユング心理学の神経症とその概念構成をめぐって』日本評論社、二〇〇一年、二六三頁。
(39) Hillman, J. (1979). *The Dream and the Underworld*. New York: Harper & Row, p.84.

第9章　ユビキタスな自己意識とその心理療法

1　今日における新しい意識の在り方

別稿でも紹介したように、[1] 現代ドイツの哲学者ハーバーマス（Habermas, J.）は、「近代　未完のプロジェクト」（一九八〇年）[2] と題する論文のなかで「モデルネ（*Moderne*）」という概念を提示し、西欧近代において「モデルン（現代的）」が意味するところの特殊性を明らかにした。

彼によれば、「モデルン（現代的）」は、西欧近代以前には、特定の時代を指し示す言葉ではなく、単に「そのつどの時代が古典古代という過去と自己との関係について持つ意識を表わし、それぞれの時代が自分自身を『旧』から『新』への移行の結果として理解するのに寄与してきた」のだが、「ロマン主義はやがて十九世紀が進むうちに（特定の時代を理想化するのではなくなり）、あらゆる歴史的な枠組みから自らを断ち切ったきわめてラディカルな現代性《モデルニテート》の意識を生み出すことになった」という。

その結果、そこに残されたのは、「伝統に対する現代、いや歴史全般に対する現代という抽象的な対立関係だけ」であり、このことによって「モデルンとは、時代精神がアクチュアリティへとたえざる自己革新をするさまを表現へと客観化するものを意味するようになった」。

このように「前へ向かって進もうとするこの努力、未だ定まっていない偶発的な未来への予感、新しきものへのこうした崇拝」を自らの内に孕み、その意味で不断の「自己否定する運動」を特徴とせざるを得なかった「近代の意識」は、十九世紀半ば、歴史全般から自らを断ち切り、独自の抽象性を獲得することで確立された、まったく新しい意識だったと言えるだろう。

このように、「モデルネ」はそれ自体、自身としての実体はもたない対立や移行にかかわる関係性の概念であったゆえ、抽象的な「個」の意識は、「近代」において歴史全般から切り離され、その向かう先は「自己」しかなくなった。だからこそ、「近代の意識」は、先にも述べたように、「自己関係」の意識、「自己意識」となったわけだが、今日的な「解離性障害」や「発達障害」にカリカチュアライズされる二十一世紀における「現代の意識（contemporary consciousness）」にはもはや、そのような（折り返されたり、振り返られたりするという意味での）reflected-ness は見られない。

そのように reflected-ness をもたず、〝水平的・一次元的に世界に満ちあふれる、情報として外在化・遍在化した〈私〉〟（だけ）の意識、それが「非モデルン」の「ユビキタスな自己意識」である。

2　二世界構造をもたないユビキタスな自己意識

そのような「現代の意識」に「近代の意識」からもち込まれたのは、その二世界的な〃構造〃ではなく、「自己意識」という〃スタイル〃であった。しかし、それは単なる〃スタイル〃であるゆえ、そのような意識が孕む心的諸過程にはもはや、その内実としての「自己としての他者」や「他者としての自己」は介在しえない。すなわち、そこには、「サイコロジカル・インフラ」は存在しえないのである。

このことは、ヴァーチャル・リアリティーとユビキタス・コンピューティングの違いについて考えればよくわかるだろう(3)。

「ヴァーチャル・リアリティー」は、コンピューターの「中」に、サイバースペースと呼ばれる擬似的な世界をつくり、そこで様々な活動を行うものとして、一九八〇年代から九〇年代にかけて脚光を浴びた技術である。オンラインゲームに代表されるように、そのようなゲームのもつ「ヴァーチャル・リアリティー」性に対して、「現実との区別がつかなくなる」という批判がなされることもあったが、そもそも環境のなかに埋め込まれている「ユビキタス・コンピューティング」との対比で言えば、「ヴァーチャル・リアリティー」においては、こちら側の世界としての「リアル」と、あちら側の世界としての「ネット」という区分は曲がりなりにも成立していたとも言えるだろう。

他方、「ユビキタス・コンピューティング」は、「どこでもコンピューター（computing everywhere）」「穏やかなコンピューター（calm computing）」「見えないコンピューター（invisible computing）」と呼ばれていたことからもわかるように、〃あらゆるところに存在し、現実の環境のなかに埋め込まれたコンピューターが様々なものの動作を自動的に判断し決定していく〃技術である。この「ユビキタス（ubiquitous）」は、「あらゆるところに」を意味するラテン語の *ubique* に由来する言葉で、もともとは、「神の遍在性」、すなわち、一神教文化圏で、唯一単一の存在である神があらゆるところに存在するということを表現するために用いられたが、現在では、このようなコンピューターの「遍在性」を意味するのが通常となっている。

今述べたような両者の違いに留意すれば、「ヴァーチャル・リアリティー」においては、そこにいくらかの近代的な世界観の残滓が依然として見出しうると言えるだろうし、以下に示す通り、それは主として、「神経症」との関連において語りうることが理解されるだろう。

英語の virtual は、「仮想的な、虚像の」という意味があり、「ヴァーチャル・リアリティー」は、「仮想現実」と訳されることも多かった。しかし、virtual は他方で、ラテン語の *virtualis*（力のある、効力のある）を語源とする言葉として、「実質的な、実際の」という意味も有し、「ヴァーチャルなもの」を「アクチュアルなもの」を構成するための要素と捉えた哲学者のレヴィ（Lévy, P.）[4]の論を援用すれば、ヴァーチャルなものとは、目的に応じてその都度構成される、ある実質的な可能性ということになる。つまり、それは、社会学者の鈴木謙介も指摘しているように、「現実のあり方とは異なる、ある目的に従って構成された実質的な現実感」[5]なのだ。

この点において、「ヴァーチャル・リアリティー」には、ユング（Jung, C. G.）がリアルでありアンリアルであるとした神経症との類同性が見て取れる。[6]彼が「神経症は日々新たにつくられる」[7]と述べた意味で、それは患者が創造した「現実のあり方とは異なる、ある目的に従って構成された実質的な現実感」であるからだ。

個人を超えた集合的な連結という点において構造的な類似性が見られる「集合的無意識」と「インターネット」との関係と同じく、「ヴァーチャル・リアリティー」は、もはや「内的」なものではなく、「外的」なものではあるが、そこには、「神経症」を生み出した（第7章で論じたように、自らの存立する前提として「解離」を内在した）「近代の意識」の二世界的な〝構造〟がそのままもち込まれているのだ。

説明するまでもないかもしれないが、「ユビキタス・コンピューティング」にはもはや、そのような〝構造〟は見られない。

むろん、現在その完璧な実現に向けてインフラ整備の進む「IoT（Internet of Things）[8]」に示されているように、このような技術によって人間の側にもたらされる利便性には計り知れないものがあり、意識するかしないかにかかわらず、われわれはもうすでにその一端を遍く広く享受しているのは確かだが、コンピューターが自動的に判断し決定することが意味するのは、それが「道具」

として最も洗練された形であるにせよ、人間は判断する必要がなくなる、あるいは判断しなくなる、ということでもある。

電子商取引サイトAmazonの「これにも注目」「チェックした商品の関連商品」「閲覧履歴からのお知らせ」やネットサーフィンしているとウェブサイトに掲示される「パーソナライズド広告」、さらには、「my Things」といったアプリに代表される「IFTTT」（IF This Then Thatの頭文字をとって〝イフト〟と呼ばれる）[9]等々によく示されているように、一方でそれらは、以前の自分のアクションによって蓄積された情報に従い、その時にはさほど、あるいはまったく意識されていなかった選択肢を眼前に提示したり、自らのあるアクションを「きっかけ」として、あらかじめ定めておいた「レシピ」に従い、自動的にある別の「行動」を代行したりするわけだが、他方で、それ以外の選択肢、あるいは、未来をわれわれから奪い去る、そして、そのような「情報」や「レシピ」にわれわれが縛られる可能性を間違いなく孕んでいるのだ。

そこでは、すべてが情報化された自己としての〈私〉によって規定され、その意味で、世界は水平的・一次元的に、情報として外在化・遍在化した〈私〉たちに満ち溢れている。このような観点から見れば、「ヴァーチャル・リアリティー」は、モダン（近代）からポストモダン（現代）への移行期において、「中間的なもの」として生み出された技術であり、「二十一世紀のコンピューター」[10]という論文における、当時米国ゼロックス社のパロアルト研究所の主任技術者だったマーク・ワイザー（Weiser, M.）の「以降二十年のコンピューティングのトレンドは、ユビキタス・

コンピューティングに向かう」という宣言は、そのような「移行」を言い当てていた。しかし、それとても、今から二十五年以上前、一九九一年のことである。

3　ユビキタスな自己意識の精神病理

(1)「非-意識」としてのユビキタスな自己意識

本章だけでなく、本書では幾度も「時代精神の病」について言及してきたが、前節で述べたように二世界的構造をもたない「ユビキタスな自己意識の精神病理」とはいかなるものなのだろうか。

第8章で論じたように、「発達障害」に「病態水準」の観点が有用ではない以上、それはもはや、従来的な意味での「精神病理」とは言いがたいものなのかもしれないが、そのような在り方もまた、「現代の意識」としてのユビキタスな自己意識の特徴を示しているのだろう。

例えば、二十世紀初頭を代表する哲学者・精神病理学者のヤスパース (Jaspers, K.) による『精神病理学総論』(一九一三年) における「意識」の定義からは、二十世紀の精神病理学がどのような「意識」を前提に構築されたものなのかがよくわかる。

事典的に言えば、「意識」は、その個人にとって直証的な体験、最も直接的で確実な経験、本人以外には直接それを経験することのできない個人的な経験を指す言葉であろうが、これをヤスパースは現象学の立場から、以下の三条件をもって定義している[11]（傍点筆者）。

①体験を現実に内的にもつこと（探索可能な生物学的事象が外的であるのと反対に）

②主観と客観が分裂していること（主観が志向しながら、知覚し、表象し、思考する対象に向けられているという意味で）

③自己自身に関する意識を知っていること（自己意識）

二十世紀の精神病理学は、このような〈内／外〉〈主／客〉の区分を前提にした「二」世界的な自分自身に向かう「意識」を、「意識」として想定していた。

しかしながら、情報として外在化・遍在化した〈私〉（だけ）の意識であるユビキタスな自己意識においては、このような「二」への「区分」や「分割」は不分明で、その体験世界には、「他者」が心理学的な意味をもって存在しえない。これらヤスパースの定義で言えば、それは「無意識」でさえなく、「非―意識」、すなわち、「二」以前の「心的誕生」を経ていない「意識でない意識」ということになるだろう。

このことは、一九六〇年代から七〇年代にかけて、わが国において多くの症例報告やその心性について研究がなされた対人恐怖と対比すれば、よくわかるだろう。対人恐怖症者は、「自分が他人にどう見られているのか気になる」「職場、学校のクラス、近所の人に自分がどう思われているのか気になる」といった悩みを訴えたが、[12]そこに登場する「他人」は決して、実在の他人や客観的な他者ではなく、彼らの「主観に閉じ込められた他者」であった。これは、いわゆる「自意識」の問題がそこには介在していたとも言い換えられるだろう。

たとえ精神病理という形であっても、彼らの体験世界には、「他者」が心理学的な意味をもって存在していた。しかしながら、ユビキタスな自己意識には、情報として外在化し遍在化することで内的には空洞化した〈私〉というスキーマが内在されており、そこでは、精神病理という形であっても、そのような「他者」は体験されない。

そして実際、今日の臨床の場において対人恐怖のクライエントと出会うことはほとんどなくなった。もちろん、対人関係の悩みを訴えて来談するクライエントは多くいるが、彼らがいわゆる「対人緊張」を訴えることは比較的まれである。思春期や青年期にある彼らの訴えは主として、岩宮恵子が『フツーの子の思春期』[13]で述べているように、クラスのなか、しかもそのなかの友達グループで自分がどう思われているかといった、極めて「狭い」対人関係における具体的な問題が主で、そこには「主観に閉じ込められた他者」や「自意識」といった抽象的な（心理学的な）問題は見出しづらい。それればかりか、今日においては、「葛藤」や「悩み」といった従来の心理療法の始まりには必須だったアイテムさえも携えず、来談するクライエントもまれではない。このような傾向は、いわゆるもっと年かさの大人の事例においても同様である。

このように、心理療法を可能にする「サイコロジカル・インフラ」の存在をもはや想定できないのが、「ユビキタスな自己意識の精神病理」の特徴であり、第7章と第8章で論じた「解離性障害」や「発達障害」は、次節でも詳しく論じるように、「二」以前の「心的未生」をめぐる事態として、そこにカテゴライズされるのだろう。

（2）時代の変遷とその精神病理の形成

これまでに本書で述べてきたことをもう一度整理するため、ここでは、図2を参照しつつ、「ユビキタスな自己意識の精神病理」に至るまでのそれぞれの時代区分（「前近代」「近代」「現代」）におけるわれわれの「時代精神の病」について振り返っておこう。

第3章で述べたように、キリスト教以前の世界観においては、天と地の間には神話的世界が広がっていて、人間とその共同体は、神々、あるいは、荒ぶる自然に取り囲まれて暮らしていたが、そのような多神教的な神話的世界は、キリスト教的一神教の神によって徐々に駆逐され、さらには、近代の合理主義精神によって、「教会」を通して保たれていた「神の世界」とのつながりさえも断ち切られる。

このように、「前近代」においてわれわれは、「超越的存在（神）」との関係を保ち（あるいはそれによって在り方や生き方を「規定」され）、第4章で述べたような「絶対的な内側性」を生きていたが、「近代」においてそれは決定的な変化を遂げる。先にハーバーマスを引いて「あらゆる歴史的な枠組みから自らを断ち切ったきわめてラディカルな現代性《モデルニテート》の意識を生み出すことになった」と述

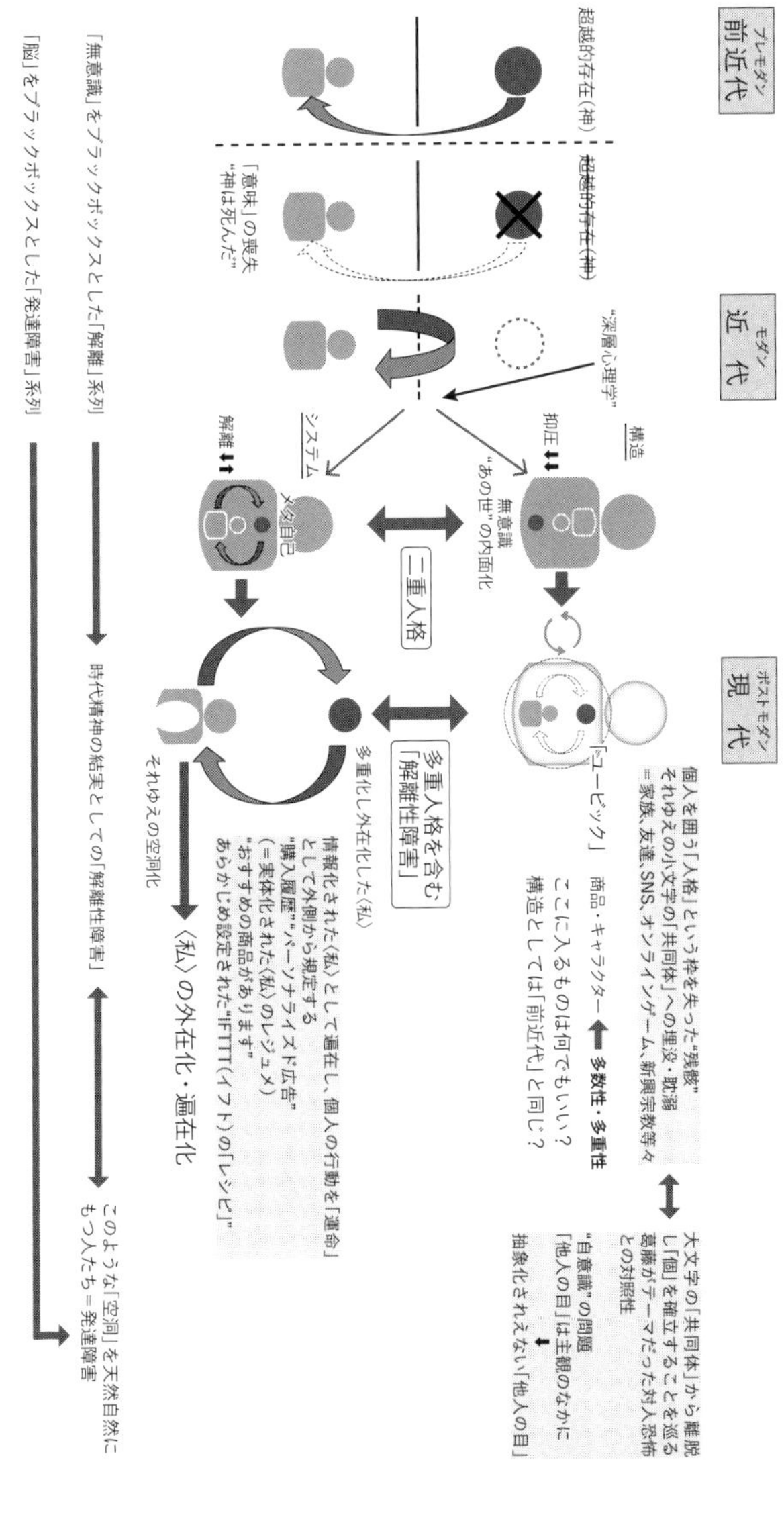

図2　時代の変遷とその精神病理の形成

べたように、「近代の意識」は、「神は死んだ」と宣言し、それまでは探さずともそこにあった「意味」を喪失することになったのである。[14]

「無意識」という概念、そしてそれに基づく「深層心理学」は、このように、自らをあの世から検閲しつつ見守る「視線」を失い、自らを指向する、あるいはリフレクトするしか道のなくなった「近代の意識」が人為的に設えた「内側性」を体現するものであった。「前近代」にあったつながりをもちつつも厳しく区分されていた〈この世／あの世〉は今や、〈意識／無意識〉として個人に内面化されたのだ。その意味で、このような「深層心理学」とその「対象」となりつつも自ら「深層心理学」それ自体を創造した「主体」としてのヒステリーという「神経症」は、同じ「近代」という「時代精神」が生み出した一枚のコインの両面であったのだろう。

このような「内面化」は、一方では「構造」として、他方では「システム」として、転換性ヒステリー（いわゆる「ヒステリー」）と解離性ヒステリー（いわゆる「二重人格」）という二つの病の形態を生み出した。第４章で述べたように、これらはともに「無意識」をブラックボックスとしたものであり、前者は、「深層心理学」が想定していた〈意識／無意識〉というこころの層構造論をベースにした「抑圧」という最も単純な防衛機制の維持とその破綻にかかわるものであった。他方、「近代」において、あの世にあった「超越的存在」からの「視線」を失うことで、人間は自らの内側にそのようなメタ的視点を、すなわち、自らを反省する視点を「システム」として生み出さざるをえなくもなるわけだが、後者はそのような「システム」の不具合にかかわっている。

第7章で述べたように、「解離」には「正常な解離」と呼ばれる部分もあり、「抑圧」と同様、それは一つの防衛機制としても考えられるが、ある臨界点を超えた場合には、人格自体が字義通りに二つに分裂するという事態が起こるのだ。

このような「構造」と「システム」は、ポストモダンの「現代」においてまたもや、大きな変化を遂げる。

まず「構造」について言えば、「現代」においては、第7章で論じたように、個人を囲んでいた「人格」という枠組みがもはや機能しなくなったということが挙げられるだろう。剥き出しの「小人」となった個人には、もはや個人主義に進む道はなく、先にも述べたように、極めて「狭い」友達関係や家族関係に、そのような小さな共同体に埋没せざるをえない（「埋没」「密着」しているからと言って、決して深い関係であるわけでなく、河合俊雄[15]が指摘しているように、それは極めて「希薄」な関係である）。

「ドッグイヤー」と言われるように、急速に進化・変化するソーシャル・ネットワーク・システム（social network system）やオンラインゲームのことを考えてもよくわかるが、このような「狭さ」はその片側に、不特定多数の人に開かれていて、インターネットでさえつながっていれば、そこで接続されている彼らはどこにいようと場所的な制約は受けないという「広さ」を併せてもっている。このような「狭さ」と「広さ」の両極端だけがあり、「中間」が成立しない（「生」がない）のも「現代」の対人関係の特徴だろう。先にもふれた対人恐怖という神経症では、親密でも疎遠でもない「半知り」と呼ばれる中間的な対人関係が忌避されたのだが、今やそのような対人恐怖が生きられるスペースそれ自体がわれわれの生活世界から消されてゆく傾向にあるのだ。

対人恐怖との対比ということでさらに言えば、この「小さな共同体への埋没」は、大文字の「共同体」から離脱し「個」を確立することをめぐる葛藤が、対人恐怖の主たる心的テーマだったこととも対照をなす。先にも述べたように、対人恐怖症者の抱える〝自意識〟の問題においては、「他人の目」は常に彼らの主観のなかにあったが、「現代」においては、そのような「他人の目」は決して抽象化されず、具体的な「他人の目」であり続ける。

また、このような「構造」においては、商品であれ、キャラクターであれ、似非の新興宗教の教祖であれ、「超越的存在」が以前据えられていたポジションには、結局のところ何が入ってもいいことになる（あるいは、「意識」はそれらしい何かを入れようとする）。

先にも紹介した通り、「ユビキタス（ubiquitous）」は、従来「神の遍在性」を意味していたが、「現代」ではもっぱら、コンピューターの「遍在性」を指す言葉となった。二十世紀後半のアメリカを代表するSF作家で、多くの作品がハリウッドで映画化されていることでも知られるフィリップ・K・ディック（Dick, P. K.）に『ユービック（UBIK）』（一九六九年）と題する長編小説があるが、その十七ある章の冒頭はすべて、「ユービック」という商品の広告文となっている。そこに示されている「ユービック」は、車、ビール、インスタント・コーヒー、ドレッシング、鎮痛薬、シェーバー、つや出し剤、ローン会社、ヘアスプレー、デオドラント、睡眠薬、パン、ブラジャー、プラスティックラップ、口臭止め、フレーク、そして最後は、胡散臭い新興宗教の神につけられた名前であった。[16]

このことが示すのは、「ユービック」は、その「内容」ではなく、その「位置」に付された「名」であり、その中身が空《から》である「名」の「遍在性」(中身が空《から》であるゆえ、それは「多数性」をもちうる)を表す記号でしかない、ということである。ユビキタスな自己意識の時代というのは、このように、「構造」それ自体見かけとしては「前近代」と変わりはないが、人間がそのように超越性を真に奪われた時代であるとも言えるのだろう。

次に「システム」について言えば、〝「情報」として外在化し遍在化することで内的には空洞化した〈私〉というスキーマ〟が重要なポイントとなる。先にも例として挙げた「購入履歴」や「閲覧履歴」、その情報に基づく「パーソナライズド広告」やあらかじめ設定された「IFTTT(イフト)」の「レシピ」にもよく示されているように、「情報」として外在化し遍在する〈私〉は、実体化された〈私〉の情報レジュメとして〈私〉の元に到来し、そして幾重にも〈私〉自身を規定する(縛る)。今日的な「解離性障害」はおそらく、このような「システム」の暴走にかかわっているのだろう。

このような「解離性障害」や「発達障害」は、十九世紀末に心理療法が始まった際、第4章や別稿でも述べたように、[17]「無意識」をブラックボックスとした「解離」系列と「脳」をブラックボックスとした「発達障害」系列として二つに枝分かれして、それぞれが二十世紀において展開を遂げてきた。しかし他方で、第7章の終わりでふれたように、人間の主体性の確立という見果てぬ夢に奉仕する心理療法というプロジェクトの自己展開上の交錯点として、それらは今やある一つの「スペクトラム」を形成してもいるのだ。

ある見方をすれば、「現代」におけるユビキタスな自己意識とは、そのような「地勢」であり、前者は環境・社会・文化と素質の相互作用による「時代精神の結実」として、後者は「天然自然にそのような空洞を抱える者」として、「スペクトラム」を形成することを可能にしている。この「環境・社会・文化と素質の相互作用」か、まるまるの「天然自然（純粋な素質や体質）」かということについては、「スペクトラム」を想定していることからもわかるように、そこにもまた「グレイゾーン」は存在し、心身症、とりわけ甲状腺疾患やアトピー等の自己免疫系の心身症(18)(19)はここに含まれるのだろう。自己免疫疾患は、周知の通り、自らの免疫系が自らの正常な細胞や組織に対してさえ過剰に反応し攻撃を加えてしまうことで症状を引き起こすものであり、そこには、自他の区分の不確かさ、それゆえの自己感の不全が身体レベルで表現されているとも言えるからだ。

このような現代におけるユビキタスな自己意識の精神病理」は、「疾患単位」「病態水準」「クラスター」といった「区分け」「区切り」によっては捉えがたく、先に述べた「発達スペクトラム」にしても、ここで言う「主体（脆弱性）スペクトラム」にしても、一つの「連続体」として見立てることが重要であろう。

また、「発達スペクトラム」の観点に基づく「発達障害」の心理療法について第8章で論じたことは、このような「ユビキタスな自己意識の精神病理」の心理療法にもむろん、適用されうるが、このような「主体」の脆弱性を抱える「スペクトラム」に属する者たちとの、すなわち、「心的未生」の心理療法においては、どのような点に留意する必要があるのか、次節で改めて考えてみたい。

4　「心的未生」の心理療法における留意点

前節で述べたように、ユビキタスな自己意識は、ヤスパースが定義したような「意識」とは異なる、「二」以前の「非―意識」であり、その精神病理もまた、「病態水準」の観点からではなく、第8章で述べた「心的誕生」と「心理学的誕生」との別で言えば、「心的誕生」をめぐる「未生性」という観点から論じられるべきものなのだろう。

(1)「枠」を狭め「圧」をかけること

精神病理学者の野間俊一[20]は、このような今日的な患者たちの在り方の特徴を「コントラ・フェストゥム」として抽出した。言うまでもなく、これは、木村敏の祝祭論をベースにしたものだが[21]、そこでは、旧来のイントラ・フェストゥム的な「飛翔／充溢」を生きるのではなく、「浮遊／空疎」

を漂うコントラ・フェストゥム的な在り方や、刹那的・瞬間的な体験しかなく、「過去に基づき未来へと開かれている」という実感や期待をもつことが不可能な彼らの在り方が描かれている。

この「コントラ」で言い表されるのは、決して「イントラ」にはならない、どこにも「参入」しえない彼らの在り方である。河合隼雄がターナー（Turner, V.）の『儀礼の過程』[22]における論に基づきながら、心理療法がもっている儀礼性やある種の祝祭性を明らかにしたことはよく知られているが、このような患者は、心理療法という「儀礼」にも背を向け、なかなかそこに「参入」しようとはしないと言えるだろう。

それではいったい、そのような「心的未生」の彼らにどのような心理療法が可能なのだろうか。河合が論じているように[23]、心理療法は、儀礼の過程における多くの人々が融合的にかかわる非個人的な「コムニタス状況」をつくり出すために、時間・場所・料金等の外的な「枠」を設定する。従来の心理療法が対象にしていたクライエントであれば、そのように「枠」を設定し、それをできる限り守り、その内側でクライエントの語りを中立的に傾聴することで、彼らが「人生の過程を発見的に歩むのを援助する」ことが可能であったが、「主体」の脆弱性を抱えるクライエントには、第8章で取り上げた「中立性」の場合と同様、それだけでは不十分である。そのような設定では、彼らにとって面接の場はあまりに漠としたものとなり、何を話したらいいのかわからない、何をしたらいいのかわからない、いわゆる「間」がもたないということにもなりかねないからだ。

例えば、ユング派心理療法の「対面法」というセッティングでは、セラピストは、「テーブル」を挟んで、クライエントに「他者」として対峙することで、「第三のもの」が立ち現れうる「スペース」をつくる役割を担う。けれども、以前にも述べたように、[24] 自他の区分以前、「二」の成立以前の「発達障害」の心理療法では、イメージを単に「第三のもの」と見なし、セラピストがそのような役割をとることは難しい。「二」は未だ成立していないゆえ、「第三のもの」が置かれる「テーブル」はそこにアプリオリには存在せず、セラピストの側がそこに「置くもの」を設定することなしには、「テーブル」が創出されることはないからだ。

このことは、「発達障害」だけでなく、広く「主体」の脆弱性を抱える「ユビキタスな自己意識の精神病理」のクライエントとの心理療法にも当てはまる。そもそも彼らの体験世界には、未だ「他者」は存在せず、そのような彼らとの心理療法でも、セラピストの側がむしろ主体的に「テーブル」を創出し続け、そこへの参入を求める必要があるからだ。時間・場所・料金という「枠」の内側に、夢や箱庭、描画というさらにもう一つの「枠」を設定し「圧」をかけるのはこのためである。風景構成法を考案した中井久夫[25]は、描画法における「枠付け」について、「枠」には表現を「強いる」面と「保護する」面との二つの側面があるとしたが、「心的未生」の心理療法においてはまさに、「強いる」こと、そして「狭める」ことによって初めて、そこに「自由」や「広がり」が生まれると言えるだろう。そこでのイメージは、決して「第三のもの」ではなく、「第一のもの」なのだ。

（2）「心的誕生」の契機に立ち会うこと

心理療法が目指すところは、先にもふれたように、「来談者が人生の過程を発見的に歩むのを援助する」ことであり、それを可能にするためには、ヒルマン（Hillman, J.）が掲げているような「患者を『想像的』な現実に復帰させるのに仕えること」[26]や「心的現実の中心的な基盤を成している魂の感覚を発達させること」[27]といったことが課題として挙げられる。

以下に引用するギーゲリッヒ（Giegerich, W.）の言葉も、そのような従来の心理療法の在り方をよく示すものだろう。

心理学の課題は困難の除去を求めることに存するのではない。心理療法においては、いかにして苦しめられている状況から脱するかが問題なのではなく、逆にいかにして、本来的に、真に、困難な状況へ入っていくかが課題なのである。即ち、我々はもはや単にその問題に行きあたった者としてそれに対面しているのみならず、まさにその問題状況にとらえられ、襲われ、それによって変えられていくのである。[28]

このような「苦しみへの参入」を目標とする心理療法は、「サイコロジカル・インフラ」の成立を仮定できる「心理学的未生」のクライエントへのそれであり、「心的未生」の心理療法は、同じ「未生の状態から誕生すること」を目標とするものではあっても、第8章で「発達障害」の心理療法について論じた際に明らかになったように、そのような心理療法の基盤となる部分はしっかりと踏まえつつも、〝心理療法「以前」〟とも言える仕事に相当なエネルギーを費やさねばならない面もある。

以下、そのような「心的未生」の心理療法において「心的誕生」の契機に立ち会うための五つの留意点を示したい。

第一に、「サイコロジカル・インフラ」が未整備である「心的未生」のクライエントの「意識」、すなわち、ユビキタスな自己意識は、ヤスパースの提示した「意識」の三条件に倣えば、①体験を現実に内的にもちえず、②主客未分化で、③内省的な自己意識をもちえない状態にあると言える。そのような「意識」は、受苦しえないし、病みえない。「心的未生」の心理療法において重要なのは、クライエントが受苦しうる、病みうるステータスに移行することである。そのためには、「苦しみ」をセラピストの側が実感をもってまず創出すること、すなわち、セラピストがクライエントの本当の「生きにくさ」を、そして「生きていなさ」を手でふれるようにわかる必要がある。

第二に、「心的未生」の心理療法においては、セラピストの側が「心的誕生」の契機をよく感得することが重要であり、それには、前項で述べたように、「第一のもの」としてのイメージを重視する必要がある。重視するだけに留まらず、時に応じて、夢や箱庭、描画等にセラピストが固執することもまた必要である。また、「テーブル」上においては、イメージの「内容」だけでなく、夢の長さや記録の仕方、絵の描き込み方、塗り方、箱庭のアイテムの置き方等、「形式」「作法」の変化にも着目しなければならない。彼らが「悩み」以前の状態にあるのと同じように、彼らの提示するイメージもまた、「イメージ」以前、その「内容」以前の状態にあることが多いからだ。

第三に、「心的未生」の心理療法においては、クライエントが抱く素朴な「実感」「感情」「体感」、すなわち、日常生活で言えば、「疲れた」「しんどい」「ムカつく」等、夢であれば、「怖い」「痛い」等に着目することが重要である。「疲労」を含めた基本的な「体感」から隔絶されているクライエントも多いので、セラピストの側が彼らからそのような素朴な実感が表出される契機に鋭敏になることが大切だろう。現実においても、一日何十キロも自転車で走ったり、ロードワークをしたり、筋肉や関節を痛めるほど筋力トレーニングをしたり、リストカットやアームカットのような自傷行為をしても痛みを感じなかったり、発熱していてもわからなかったり、そういうことに興味がなかったり、そもそも暑さや寒さがよくわからなかったりしたクライエントが、それができなくなったり、痛くなったり、しんどくなったり、寒暖を感じるようになったりする契機ということである。

第四に、「第一のもの」として重視する夢や箱庭、描画といったイメージだけでなく、クライエントの語りも含めて、心理療法に立ち現れるあらゆる事象において、差異や境界、区別といった「二」が生まれる瞬間に着目することが重要である。いわゆる心的外傷夢とはまったく異なる在り方で、現実にあったことを何の加工もなくそのまま夢として見ていて、その意味で夢と現実がシームレスにつながっていた事例において、夢それ自体が「他者」性をもつようになること、すなわち、夢らしい夢が報告されるようになることもここには含まれる。家族との関係においても、差異や境界、区別が生まれることは重要である。とりわけ、融合してはいるが本当の意味でのつながりは希薄である母親との関係に彼らは埋没していることが多いが、そこに何らかの拒否感が出てきていることをこちらが感じたり、実際にそれが語られたりすることは、心理療法が展開する転機となりうる。

第五に、セラピストが、真のセラピーの目標はセラピーを終えた時にのみ明らかになることをよく認識しておくことが重要である。第6章でも引用したように、「真に心理学的診断は、治療が終結した時にのみ明らかになる」[29]のと同様、「心的未生」の心理療法においては、セラピーの開始時点で、その目標についてクライエントとセラピストの間で合意形成するのは難しいし、始まったセラピーそれ自体も線形的に発展していく、順序正しく段階的に展開してゆくというプロセスを期待すべきではない。変化は突然、あるいは非連続的に起こるので、目標を見失い、この変化のなさが果てしなく続くように思えても、ともかくセラピーを継続する「根気」が必要である。それは、前章で「発達障害」の心理療法について論じた際、それは端から心理療法によって「治す」ものでも「治る」ものでもないと述べたことにも通ずるところがある。

先にも述べた通り、このような「心的未生」の心理療法における重要な作業は、クライエントが受苦しうる、病みうる状態となるまでの長いプロセスに同行することである。同じように、苦しみえない、悩みえない彼らの語る言葉は心理療法開始当初は実感に根差したものとはなりえず、そこに行き着くまでに相当な年数がかかることもよくある。その意味で、「心的未生」の心理療法には、心理療法が心理療法として実現するために必要な「心理療法」以前が内包されており、心理療法が自身の「根本」を省察する機会を提供しているのだ。

序章の終わりにふれたように、このような新しい時代や時代精神の心理療法について論じることとは、「心理療法の未来」を論じることと同じく、「人類の精神史における心理療法というプロジェクトが最初から孕んでいた〈本質〉を彫り出す作業としてだけ、真に意義あるものとなる」のだろう。

5　おわりに

今日における「心的未生」の心理療法は、本章で述べたような「ユビキタスな自己意識の精神病理」の在り方ゆえ、西欧近代に生まれた心理療法が「こころの病」の意味を探究するために人為的につくり出した「内側性」や、そこで設えられる時間・場所・料金といった「枠」によってだけでは、もはや十分には機能しえない。第４章で述べたように、そのような「内側性」を提供できなければ、そこには「治癒」は起こりえないからだ。

それゆえ、「現代」の心理療法においては、「内包性」がますます失われていく時代や社会の潮流に逆らい、セラピーの外的な「枠」だけではなく、もう一つの「内側性」をつくり出すため、夢、箱庭、描画等の閉じられていて同時に開かれているもう一つの「世界」を導入しなければならない。それがポストモダンの今日における「自然に反する作業」としての心理療法であり、われわれはそのような自覚をもって、新しい「時代精神の病」に対峙していかなければならないのだ。

(1) 田中康裕「現代におけるユビキタスな自己意識――サイコロジカル・インフラの消失と発達障害」河合俊雄・田中康裕編『大人の発達障害の見立てと心理療法』創元社、二〇一三年、二〇二―二一七頁。
(2) ユルゲン・ハーバーマス（三島憲一編訳）『近代　未完のプロジェクト』岩波書店、二〇〇〇年。
(3) 田中前掲1。
(4) ピエール・レヴィ（米山優訳）『ヴァーチャルとは何か？――デジタル時代におけるリアリティ』昭和堂、二〇〇六年。
(5) 鈴木謙介『ウェブ社会の思想――〝遍在する私〟をどう生きるか』日本放送出版協会、二〇〇七年、五七頁。
(6) 田中康裕『魂のロジック――ユング心理学の神経症とその概念構成をめぐって』日本評論社、二〇〇一年、四七頁。
(7) CW5,par.655.
(8) あらゆるものがインターネットでつながる技術で、小泉によれば、①「センサー」でモノから情報を取得する（センシング）、②インターネットを経由して「クラウド」にデータを蓄積する、③クラウドに蓄積されたデータを分析する。必要であれば「人工知能」が使われる、④分析結果に応じてモノがアクチュエートする（ヒトにフィードバックする）という一連のサイクルが基本になるという。小泉耕二「『IoT』とは何か、今さら聞けない基本中の基本」『東洋経済 ONLINE』二〇一六年四月十九日付記事。http://toyokeizai.net/articles/-/113807

（9）「もしユーザーがコレをすれば自動的にアレをする」といった「任意のＷＥＢサービスまたはスマホでの作業をトリガーにして、他のＷＥＢサービスのアクションを自動化させることにより作業効率化を図る為のＷＥＢサービス」を指す。http://kotoba-box.com/how-to-use-ifttt

（10）Weiser, M. (1991). The computer for the 21st century. *Scientific American*, 265 (3), 94-104. この論文は、以下のサイトでも読むことができる。http://www.ubiq.com/hypertext/weiser/SciAmDraft3.html

（11）カール・ヤスパース（内村祐之他訳）『精神病理学総論（上巻）』岩波書店、一九五三年、一三―一四頁。

（12）小川捷之「いわゆる対人恐怖症者における『悩み』の構造に関する研究」『横浜国立大学教育紀要』第一四巻、一九七四年、一―三三頁。

（13）岩宮恵子『フツーの子の思春期――心理療法の現場から』岩波書店、二〇〇九年。

（14）このような「近代の意識」が陥った苦境は、ユングの『赤の書』におけるイズドゥバルという名の巨神殺しとその後のヴィジョンの展開にもよく示されている。巨神に出会ったユングは、科学の「毒」で巨神を衰弱させてしまうが、自らがファンタジーであることを認めさせることでその巨神を救おうとする。巨神はそれを認め、担げるほど軽くなり、ユングのポケットに入るほどの大きさの卵に姿を変えるが、第3章で述べたように、ユングが自らの心理学を通して一見成し遂げたかに見えた「神話的世界の復活」は実のところ、その「埋葬」であったのと同じく、これは「神の救済」などではなく、本当の意味での「神の殺害」であった。その後、ユングの呪文で卵は割れ、神の姿は確かに蘇るが、これは決して以前と同じ神ではありえない。だからこそ、神を殺害した人間であるユングは、わが身をもって「地獄」や「生贄の殺害」を体験せねばならなかったのである。C・G・ユング（河合俊雄監訳）「第二の書」『赤の書』創元社、二〇一〇年、三二四頁以下参照。

（15）河合俊雄「家族関係の希薄化と密着化」河合俊雄・田中康裕編『大人の発達障害の見立てと心理療法』創元社、二〇一三年、一八六―一九三頁。

（16）フィリップ・K・ディック（浅倉久志訳）『ユービック』早川書房、一九七八年。

（17）田中康裕「発達障害と現代の心理療法――『自己の無効化』による『治療《セラピー》ではない治療《セラピー》』としての自己展開」河合俊雄編『発達障害への心理療法的アプローチ』創元社、二〇一〇年、一八〇―二〇三頁。

（18）河合俊雄「内分泌専門病院における心理療法と研究――症状から人へ」河合俊雄編『こころにおける身体　身体におけるこころ』日本評論社、二〇〇八年、九九―一二一頁。

（19）長谷川千紘他「半構造化面接からみた甲状腺疾患患者の心理的特徴」『日本心療内科学雑誌』第一九巻第四号、二〇一五年、二三七―二四四頁。

（20）野間俊一『身体の時間――〈今〉を生きるための精神病理学』筑摩書房、二〇一二年。

（21）木村の祝祭論については、以下を参照のこと。木村敏『時間と自己』中央公論新社、一九八二年。

（22）Turner, V. W. (1969). *The Ritual Process: Structure and Anti-Structure.* Chicago: Aldine Publishing.（冨倉光雄訳『儀礼の過程』思索社、一九七六年。）

（23）河合隼雄『生と死の接点』岩波書店、一九八九年。

（24）田中康裕「未だ生まれざる者への心理療法――大人の発達障害における症状とイメージ」河合俊雄・田中康裕編『大人の発達障害の見立てと心理療法』創元社、二〇一三年、二一―四一頁。

（25）中井久夫「枠づけ法覚書」『芸術療法』第五巻、一九七四年、一五―一九頁。

（26）Hillman, J. (1985). *Archetypal Psychology.* Dallas: Spring Publication.（河合俊雄訳『元型的心理学』青土社、一九九三年。）

（27）*ibid.*

（28）Giegerich, W. (1981). Die Rettung des Kindes oder die Entwendung der Zeit: Ein Beitrag Zur Frage nach dem Sinn. *GORGO 5/1981,* 9-32.（河合俊雄訳「子どもの救助あるいは時間の横領――意味への問いについて」『思想』一九八七年九月号、三二一頁。）

（29）CW 16, par. 195.

終章　心理療法の終焉

1　心理療法という「共同体」

本書においてここまでに述べてきたように、ユング（Jung, C. G.）の「無意識の心理学」も含めた深層心理学やそれに基づく心理療法は、「近代」という時代において失われた「内側性」というステータスを再び人為的につくり出すことで、救いようもなく単調で味気ないものとなってしまったわれわれの人生に再び「神秘の生命」を宿すという使命を果たそうとした。

他方でユングは、われわれが自分自身とだけ孤独に暮らしていて、「そこでは、意識という冷たい光のなかで世界の空虚な不毛さが星々にまで届いている」[1]こともよく知っており、その意味では、心理療法はそれ自体、そのように自分自身とだけ孤独に暮らす近代人のために設えられた小さな文化的「共同体」だったとも言えるだろう。

序章において筆者は「心理療法それ自体は終わることはできず、始まることしかできない」と述べたが、このような心理療法の「終わりなき無限の課題」という側面や「始まることしかできない」という本性は、今述べたような心理療法の「共同体」という在り方にもかかわっている。そのことを「実感」としてフロイト（Freud, S.）に、そして精神分析に知らしめたのは、「終わりある分析と終わりなき分析」という論文の最初の章でもふれられている「狼男」という症例だったのではないだろうか。

一九一九年から始まった「狼男」の二度目の分析の際、フロイトは、財産を失った彼から料金を取らないばかりか、分析家仲間から募金を集め、彼にそれを与えていた。そして、彼は、フロイトの没後も、手記を出版したり[2]、ジャーナリストや精神分析研究者のインタヴューを受けたり[3]、生涯にわたって、フロイトのかの有名な症例「狼男」であることによって、精神分析という「共同体」のなかで文字通り生活し続けた。

けれども、このような在り方は、「狼男」という症例にだけ特有のものであると考えるべきではない。それは実際、序章でもふれた「チューリッヒ心理学クラブ」の在り方にもよく示されていて、そこは、分析家と被分析者との別なく、分析という「経験」をもった者が集う「サロン」であり、そのようにして彼らは一つの「共同体」を形成していたと言えるだろう。また、ユングの初期の患者であり、後に精神分析家となったザビーナ・シュピールライン（Spielrein, S.）の例をもち出すまでもなく、自身が分析治療を受けることがきっかけとなり、分析家やセラピストとなるケースは数多くある。また、チューリッヒという町には、多くの分析家がいて、少なくともユング派分析家のなかには、いわゆる患者と呼びうる人を対象にした治療分析の経験は乏しく、分析家の候補生たちを対象にした個人分析や個人スーパーヴィジョンで生計を立てている分析家たちもいたし、おそらく今もいる。さらには、セラピスト自身が、心理療法という職業の特殊性ゆえの負担から、一時的であるにせよ長期的であるにせよ、精神に変調をきたし、セラピーや分析を必要とすることもある（このことは、内科医が病気になって内科にかかったり、外科医が怪我をして外科にかかったりするのとは、性質を異にする）。

このように、様々なヴァリエーションで、分析家も被分析者も、セラピストもクライエントも、分析や心理療法という「共同体」に生涯にわたって留まらざるをえないことは、分析や心理療法が不可避的に孕む皮肉な、つまり、否定的な側面としてだけ捉えられるべきではない。そうではなく、そのような「内側性」こそが、心理療法が自分自身とだけ孤独に暮らす近代人のために設えられた「共同体」として機能しうる一つの所以なのであり、われわれはただ単に、そのことを知る必要があるだけなのだ。

それゆえ、そのようなものとしての心理療法に終焉が訪れる時が来るのだとしたら、それは、われわれの生きる時代が心理療法という夢から醒める時であるように思われる。そして、本書においてこれまで論じてきたことからもわかるように、心理療法は現在「苦境」の時代の只中にあり、さらには、以下に述べるような意味で、その終焉の時はすでに始まっている。

ここではまず、心理療法を取り巻く外的な状況から概観しておきたい。

2 心理療法への社会制度の介入——裁判と保険

とりわけ一九八〇年代以降、欧米では、前節で述べたような分析や心理療法という「共同体」の内側で起きた出来事に法律が介入して訴訟が起こることが増え始めた。

第7章で述べた「多重人格運動」はその顕著な一例だろう。精神分析的心理療法を受けた患者たちが、幼い頃に親から虐待されたという「偽の記憶」を想起し、そのことで実際に親たちを相手取った訴訟を起こし、もう片方では、そんな親たちを支援する「偽記憶症候群財団」が設立されたというものである。このような社会現象のなか、アメリカでは、救急車を見つけるとその後を追って病院まで行き、事故の被害者と思われる人に「訴訟を起こして損害賠償請求しましょう」ともちかける「アンビュランス・チェイサー」ならぬ、精神分析を受けている人をチェイスして訴訟をもちかける弁護士も登場した。

もう一つ心理療法への社会制度の介入として特筆すべきは、医療保険制度によるものであろう。ある個人がある病的意義のある症状を抱え、心理療法を受ける場合、国にせよ民間にせよ、欧米諸国では、医療保険が適用される。(4) いくつかの例外的な国を除けば、開始するに当たって医師の「診断」が必要なことは言うまでもなく、各国の制度設計や各個人が掛けている保険料にもよるが、保険の適用期間は定められているし、心理療法家が提出する報告書のフォーマットも各国や各会社によって決まっている。ターゲットとする症状や問題を明確化し、それに対してどのようにアプローチし、結果としてどのような治療効果が認められたかを明記することが求められるのだ。筆者がチューリッヒに留学していた一九九七年から二〇〇一年、この時代でさえ、分析家たちは「ケースの流れをそんなふうには考えていないが、保険が下りないので、書くだけはそんな感じで書いている」と述べていたが、その後の認知行動療法の隆盛に鑑みれば、思考それ自体は行為に侵されることはないという楽観はまったく通用しないと言えるだろう。行為こそが思考を規定する、しかもそれは個人レベルではなく全体的な潮流をも生み出すのである。

「法」と「経済」は、人間が社会生活を営んでいく上での根幹とも言え、ある意味でこれまでの心理療法はその埒外、すなわち、いわゆる「自然保護区」として隔離されていた面があったのだが、そのような「免役（疫）」はもう許されないということなのだろう。

3 「科学」としての心理療法

このような時代の動向のなかで、心理療法は、あるいは広くそのベースとなる学問である臨床心理学は、「科学」であることを求められるようになる。

本書でここまで論じてきたように、心理療法はそれ自体、「内省」を通して「自己関係」や「自己意識」の在り方を扱う極めて「近代」的な営為であるにもかかわらず、例えば、心理療法家となるための従来の訓練は、個人分析や個人スーパーヴィジョンを中心とした、いわゆる「前近代」的な徒弟制度モデルに基づくものであった。

このことは、心理療法の諸学派が、フロイト派、ユング派、クライン派、ラカン派、ロジャース派といったように、創始者の個人名を冠したものであることにもよく示されている。

このような営為それ自体とそれを実践する者の訓練モデルとの関係は、一見すると捻じれているように見えるが、第4章で述べたように、深層心理学やそれに基づく心理療法において「前近代」の〈この世／あの世〉が〈意識／無意識〉として内面化されたことや、第5章で述べたように、そこでは「前近代」が方法論として導入されていることを考えれば、さほど不自然なものではないと言えるだろう。

深層心理学に基づく心理療法においては、すでに失われた「内側性」を理論的に仮定された「無意識」によって人為的に再び創造し、そこに参入するというアプローチが採用されていた。自由連想や夢分析は、そのような再創造された「内側」に隠された「意味」へと至る一つの道筋であり、ユング派において心理療法家となる過程が、「前近代」的なシャーマンのイニシエーションに擬えられたり、心理療法のプロセスにおいてイニシエーションのモデルが重視されたりするのはこのためである。(5)

しかしながら、時代精神が絶えず変容するなか、先にもふれたような「近代」における心理学的な「自然保護区」とも形容しうる、〝人為的に再創造された「内側性」〟それ自体を否定しようという動きが、とりわけ一九八〇年代以降、臨床心理学の領域において生まれてくる。

「エヴィデンス・ベースト（evidence-based）」と呼ばれる立場である。(6)(7)「実証」を重視する彼らの主張を要約すると、従来の臨床心理学は、どのような症状や問題をもったクライエントにどのような治療法が選択されるべきか、という点に関する実証的なデータを十分にもち合わせておらず、治療実践をユーザーサイドから見て実りのあるものにするためには、今述べたような意味での客観的な「アセスメントツール」の開発が必要不可欠である、というものである。

また、このような好ましからざる状況に陥った要因としては、先にもふれた「フロイト派」「ユング派」といった呼称にもよく示されているように、従来の心理療法では、実際にどのようなクライエントに対してどのような治療実践を行うかということよりも、どのような理論に依拠するかを重視する「はじめに理論ありき」的な態度が主流を占めていたことが挙げられるという。

彼らは、「理論から実践へ」という旧来のパラダイムから「実践から理論へ」という新たなパラダイムにシフトし、そのように個人名を冠した「〜派」という偏狭な立場に固執するのではなく、実践に則した統合的で実際的な学問としての、あるいは実証的な「科学」としての臨床心理学を構築し、そのエヴィデンスに基づいた心理療法を実践することを志向するのだ。

4　リスク回避とコストパフォーマンス重視の「治療」と「訓練」

言うまでもなく、このような「エヴィデンス・ベースト」を標榜する人たちの主張は、今日的な心理療法家の訓練に関する理念にも深くかかわっている。

彼らの理念においては、先にもふれたような、「〜派」の内側で従来排他的に行われていた、「前近代」的な徒弟制度的訓練は排されるべきものであり、「科学者―実践家モデル」に基づき、実践技能を習得し、なおかつ、十分な実証性／科学性を備えた博士論文を執筆することも含めて、科学者としての資質を磨くことがその教育訓練の目標とされる。彼らは、心理療法を「アート」としてではなく、あくまで「科学」として捉えようとするのだ。

また、ここに述べたような彼らの主張や動向が、様々なこころの問題を抱える現代社会の側の要請にかなうものであったこともまた事実であろう。日本の場合で言えば、とりわけ、臨床心理士資格創設後の一九九〇年代以降、HIVカウンセリング、被災者支援、スクールカウンセラー派遣、EAP（従業員支援プログラム）も含めた産業臨床等がそうであるように、われわれ心理療法家が面接室に閉じこもることをやめて社会へと飛び出すこと、そして、個人をその対象とするだけでなく、広く集団や組織も視野に入れて活動することが求められてきたからだ。いわゆる「アウトリーチ」である。

そして、そのような社会の要請に即応しうる人材の養成という観点からは、いつになったら一人前になるのかわからない、あるいは永遠にそうならないリスクさえある旧来の徒弟制度的なノンアカデミックな派内訓練よりも、先にふれた「科学者―実践家モデル」に基づくアカデミックな大学院教育の方がはるかに効率的、かつ教育や訓練を受ける側から見ても、コストパフォーマンスに優れていると言われても致し方ない面があるように思われる。

　このようなコストパフォーマンスを重視する傾向は、二十一世紀に入った頃から特に顕著になったことであるが、ユング派分析家の訓練においても、「訓練の簡略化」のトレンドという形で、国際的なレベルで強まっている。資格取得要件としての個人分析の時間数が切り下げられたり、対面ではないスカイプ等による個人分析が一部認められたり、個人スーパーヴィジョンについてもスカイプ等によるものが大幅に認められるようになったり、個人スーパーヴィジョンの時間数自体が切り下げられたり、それと並行して、世界各国で分量的に半分程度の訓練で取得できる「ハーフサイズ」のユング派心理療法家資格が創設されるようになったり、これらはまぎれもない現実である。[8]

　クライエントの側が（そして、先ほどふれたように、欧米では国や保険会社が）問題や症状が何ら改善しないかもしれないというリスクを冒して、しかもコストのかかる長期間の「治療」を受けることを望まなくなっているのと同じように、心理療法家の訓練生の側も、着手する段階では自分が本当にそれに向いているかどうかわからないし、その意味で実りがあるかどうかもわからないというリスクを冒して、コストのかかる長期間の「訓練」を受けることを望まなくなっているのだ。

このことが示すのは、集合的なレベルにおいては、学派の別にかかわらず、分析家資格はもはや、それだけの時間と費用をかけて得るに値するものではなくなった、ということなのだろう。

5 心理療法の非科学性・非効率性

分析家資格までマニアックなものではないとしても、心理療法家の訓練としては、極めて一般的なスーパーヴィジョンでさえ、その重要性や意義へのわれわれの共通認識が深まり、ごく当たり前の訓練としてわれわれの間に普及・定着してきているかと問われれば、決してそうとは言えない現状が少なくともわが国にはある。

例えば、以前にもふれたが[9]、二〇〇七年に日本臨床心理士会が会員を対象に行った調査[10]において「スーパーヴィジョンを現在受けていない」「受けたことがない」と回答した者は全体の五八・五%にものぼっている。この数字は、心理面接を一つの根幹的な業務とする臨床心理士資格創設（一九八八年）以前の一九八四年に日本心理臨床学会が行った調査[11]における数値と比較した時、スーパーヴィジョンの必要性や意義についてのわれわれの認識が以前よりも後退している、あるいは少なくとも進んでいないことを示すものとも読み取れるだろう。

このような動向の背景には、臨床心理士の「人口動態」それ自体が抱える問題が深くかかわっていることは言うまでもない。すなわち、わが国における臨床心理士は資格としての歴史が未だ浅く、その有資格者内部で、①スーパーヴィジョンを提供しうる臨床的能力のある、いわゆる「中年」以上の臨床心理士層の数が相対的に不足している、加えて、②資格取得後さほど年月を経ておらず、スーパーヴィジョンを受ける必要性を強く感じているはずの、いわゆる「若年」臨床心理士層の数は多いが、彼らには、遠方まで受けに行く際の旅費も含めて、スーパーヴィジョンを十分に受けるだけの経済的な基盤がない、といった相当に深刻な構造的問題があるということだ。

確かにこのような構造的問題は深刻ではあるが、それだけが「スーパーヴィジョン離れ」の要因であるようには思えない。そこにはやはり、本章にも述べてきたような一九八〇年代以降の時代精神を反映した、心理療法それ自体に内在している要因があるのではないだろうか。前節で述べたように、二十一世紀の今日、クライエントもセラピストも、皆そろってお手軽でコンビニエントなものを求めているのだ。

もしそうであるなら、経済的にきつい負担を強いられ、お世辞にも「美しい」とは言えない、セラピスト個人の在り方や願望も剥き出しにしながらも、言い換えれば、そんな自らを賭すリスクを冒しながらも、その成果や進歩は自分でははっきりとわからないし、保証もされない、そんな心理学的な「3K（きつい、汚い、危険）」は、可能な限りご免こうむりたい。そんなことはありえないのだが、できればマンツーマンではなく、整然と机を並べて大人数で、講習や講義を熱心に聴いてノートをとり、心理療法を「技法」として習得できるのであれば、それにこしたことはない。

そんなふうに、心理療法の訓練を受けている者が心のどこかで考えたとしても、それも無理からぬことだろう。

しかし、今述べたような外的・内的状況にあってもなお、なぜ心理療法家に「前近代」的な徒弟制度的訓練は必要なのだろうか。それは端的に言えば、心理療法が「科学者―実践家モデル」に基づく「実践技能」、すなわち、「技法（technique）」ではないから、ということになるだろう。そして、だからこそ、われわれは、上記のような「お手軽でコンビニエントなものを求める」時代の趨勢をよく理解しつつ、それとは決して相容れない心理療法の本質から目を逸らしてはならないのだ。[12]

第6章において「今日の心理療法の在り方」という論文から引用したように、ユングは、心理療法が一つの「技法」であることを厳しく退け、「問題は技法ではなく、その技法を用いる個人」であることを強調した。そこに含意されていたのは、心理療法においては、「技法」の背後に身を隠さない、クライエントにとっての「生の他者」としてのセラピストの存在が必要不可欠であるということであろうが、それは、単に一九三〇年代における「今日の心理療法の在り方」というだけでなく、本書で述べてきたように、今日における「今日の心理療法の在り方」でも変わらぬ中核であり続けている。[13]

また、心理療法の効果、あるいは、心理療法家の訓練の成果について考える際、「コストパフォーマンス」、すなわち、「費用」に対する「効果」、つまり、「効率」という考えはそもそも適当ではない。心理療法が元来、終わりなき「自己関係」の作業であり、心理学が内面化の学理である限り、その「効果」は、自分が費やした「費用」や「時間」に応じてしか得られないことは明白である。

このことは、昨今の多くの心理療法の効果研究の実証するところでもあるように思える。[14] すなわち、どのような学派や治療を選択するかは問題ではなく、患者が高い費用と長い時間をかけてその心理療法にエンゲージすることが、治療効果の持続には重要であり、いわゆる短期の治療には、効果の持続がさほど期待できない、ということである。

このような意味で、心理療法は、狭義の「科学」ではありえない。十九世紀末から二十世紀初頭にかけて、「科学」であろうとした心理学のあるブランチは、その対象を「意識」から「行動」へと変えたが、心理療法はその道を選ばなかった。[15] にもかかわらず、もし今日の心理療法がそうあろうとするなら、それはそのような歴史に鑑みるに、後戻りでしかないように思える。狭義の「科学」であることを捨てたところから、心理療法は始まっているからだ。

6　心理療法が夢から醒めること

このように言ってみたところで、心理療法を取り巻く今日の情勢が厳しいものであることには変わりはない。

本書の第Ⅲ部で述べたように、従来的・古典的な心理療法、すなわち、分析的心理療法は、リフレクティブな自己意識が過去のものとなり、「サイコロジカル・インフラ」が消失してしまった今日においては、もはや従来のようには機能しえない。

先にも引いたが、「発達障害」の分析的心理療法について、衣笠隆幸は、「〔その〕対象としては積極的には選択せず、支持的ガイダンスや薬物療法などを中心にした治療法を選択したほうがいい」(16)（括弧内筆者）と述べたが、発達障害という「現実」を前にしながら、心理療法自身が変わろうとしないなら、それもまた、ある種の「逃避」と言われても致し方ないだろう。先に述べたように、「法」や「経済」といった社会制度は、いわば外側から心理療法を「自然保護区」から追い出そうとしたわけだが、そのようにして、心理療法それ自体は未だ「自然保護区」に留まることを欲しているとも言えるのである。

ギーゲリッヒ（Giegerich, W.）は二〇〇〇年に発表された「心理学の未来──その没落」(17)という論文のなかで、「自分の没落への道を進むことが、まさに心理学の課題」であると述べた。言うまでもなく、そこでの「没落」は決して字義通りのものではなく、「内面、深み、あるいは魂は、心理学自身が自分固有の内的根拠に没落するときにのみ存在し、つまり目の前にある場所や目の前にある物ではなくて、（論理的な）動きとしてのみ存在する」わけだが、そのような意味において、二十一世紀の今日、心理学は未だ「没落」しておらず、心理療法もまた未だ自らの「終焉」という運命を受け入れてもいない。

この文脈で言えば、先に「心理療法に終焉が訪れる時が来るのだとしたら、それは、われわれの生きる時代が心理療法という夢から醒める時である」と述べたが、そのような時代にあって心理療法にとって本当に重要なことは、心理療法自身が夢から醒めることなのだろう。そうであるにもかかわらず、心理療法は未だ夢から醒めようとせず、外的なものによって「自然保護区」から追い出された現状において、文字通りに没落すまい終わるまいと、その追い出そうとした対象へのしがみつきをますます強くしているように思われる。

すなわち、今日の心理療法は、その「終焉」に向かって自身を実現する、自己展開するのではなく、科学的であろうとしたり、統合的であろうとしたり、効率的であろうとしたり、実用的であろうとしたりすることで、何とか終わるまいとし、自身を「終焉」から遠ざけようとするが、その実、そのことでますます、文字通り「終わっている」状態に陥ろうとしているのだ。

心理療法が外的状況に即応してそのように化けられるというのは夢のまた夢であり、そのようないわば宙吊りの状態から脱するためには、心理療法はまずは自身の非治療的で非科学的で非効率的で非実用的な本性を受け入れ、統合的であることを目指すのではなく、「自分」というその狭い一点に立ち、そこから世界に広く深く入っていくしかない。

このことは、心理療法が現代社会から強い要請を受ける「アウトリーチ」を行う際について考えればよくわかるだろう。先にもふれたように、被災地、学校、会社等々、心理療法家は今や、面接室を出て自らが様々な現場に赴くことを求められる（そこでの心理療法は、単に「セラピー」というだけでなく、一つの「サービス」でもある）。さらには、病院内においても、周産期医療や終末期医療の場合に顕著であるが、診察室や面接室でただ患者がやって来るのを待つのではなく、自分たちの側からベッドサイドに足を運ばねばならない、という状況がある。

第4章でもふれた「アームチェア・サイコセラピスト」は、肘掛椅子に座っているだけで何もしない、動こうとしない、何ら具体的な役に立たないという心理療法家の在り方を揶揄した言葉である。しかし、今述べたような心理療法が「アウトリーチ」する場において、心理療法家がそのような古い在り方を脱ぎ捨て、何か具体的に役に立つことはないかと動き回ることは、意味がないというよりも、現場や当事者にとってはなはだ迷惑な話であることが多い。それは、心理療法家の側のある種の行動化であるからだ。そうではなく、たとえ「セラピー」であっても「サービス」であっても、災害や病、生徒や社員の問題行動等々でうまく機能しなくなった個人や場に（あるいは、そうだからこそ）一つの「定点」として存在しようとし、「雨乞い師」[18]の如く道が整う時機を共に待つためには、「アームチェアに座っている」という態度は極めて重要であろう。〝自分」というその狭い一点に立ち〟というのは、臨床的に言えば、このような意味合いである。

　繰り返しになるが、今日の心理療法に必要なことは、自らの非治療性・非科学性・非効率性・非実用性を克服することではなく、もっともっとそこに深く分け入ってゆくことであり、そのことによって、「こころ」の働きや立ち現れとしての「心的なもの」に相対する際、第4章で述べたように、それを「無意識」という檻に閉じ込めたり、そこを逃げ場にして「前近代」へのノスタルジーを謳歌したりするのではなく、それがただ単に精神的なものであり、歴史的なものであり、かつ無限の広がりやつながりをもつものであることを改めて認識することなのだろう[19]。

　このような意味で、心理療法は夢から醒めなければならない。そこには言うまでもなく、第9章でもふれたように、心理療法が自身を当然のものとして「作業」を開始するのではなく、〝「心理療法」以前〟に目を向けることも含まれる。ハッキング（Hacking, I.）が述べるように[20]、今の「ニッチ（niche）」を生きている者には、次の「ニッチ」はわかりえない。そして、さらに言えば、永遠に終わらない「ニッチ」など存在しない。そうである以上、われわれ今日を生きる心理療法家には、今のような心理療法の現状を単に外側から被ったものとしてではなく、むしろ心理療法の運命や自己展開としてよく認識しつつ、自身というその狭い一点に立ち、すなわち、先に述べたような特性をもつ「こころ」の働きや立ち現れを通じて「こころ」という〝動き〟に襲われようとする自らの本性に目覚め、真の意味での「終焉」の時に向かう以外の道はないのである。

　そこにしか心理療法の未来は実現しない。

（1）CW9-i, par.29.

（2）Gardiner, M. Ed. (1971). *The Wolf-Man by The Wolf-Man: The Double Story of Freud's Most Famous Case*. New York: Basic Books.（馬場謙一訳『狼男による狼男――フロイトの「最も有名な症例」による回想』みすず書房、二〇一四年。）

（3）例えば、Obholzer, K. (1980). *Gepäche mit dem Wolfsmann: Eine Psychoanalyse und die Folgen*. Reinbek: Rowohlt Verlage.（馬場謙一他訳『W氏との対話――フロイトの一患者の生涯』みすず書房、二〇〇一年。）

（4）厚生労働省『二〇一五年　海外情勢報告』。http://www.mhlw.go.jp/wp/hakusyo/kaigai/16/index.html

（5）河合隼雄「心理療法におけるイニシエーションの意義」『心理療法論考』新曜社、一九八六年（初出一九七五年）、五三―六三頁。

（6）丹野義彦『エビデンス臨床心理学――認知行動理論の最前線』日本評論社、二〇〇一年。

（7）van Hasselt, V.B. & Hersen, M. (1996). *Sourcebook of Psychological Treatment Manuals for Adult Disorder*. New York: Plenum Press.（坂野雄二他編訳『エビデンスベイスト心理治療マニュアル』日本評論社、二〇〇〇年。）

（8）田中康裕「日本のユング派心理療法における資格と訓練の実際」『臨床ユング心理学研究』第二巻第一号、二〇一六年、七九―八四頁。

（9）田中康裕「スーパーヴィジョンはなぜ必要なのか」『臨床心理事例研究』（京都大学大学院教育学研究科心理教育相談室紀要）第三九号、二〇一三年、二四―二七頁。

（10）大山泰宏他「臨床心理士の動向ならびに意識調査から見えてくること（その2）」『日本臨床心理士会雑誌』第六八号、二〇一一年、四六―五〇頁。

（11）乾吉佑「スーパーヴィジョンの現況と問題点――心理臨床家にとってのスーパーヴィジョン（第5回大会シンポジウム）」『心理臨床学研究』第四巻第二号、一九八七年、七九―九六頁。

（12）第4章で述べたような歴史的な背景をもつ心理療法は、単に「科学」に基づくものでは決してありえず、「前近代」の「アート」の側面も併せもっている。そのことは、フロイトの精神分析にせよ、ユングの分析心理学にせよ、それらは自己治療の成果として生み出されたものであることからも明らかである。そのようなウロボロス性は、否定しようもなく、心理療法に最初から埋め込まれているのだ。

（13）CW 10, par.337.

（14）例えば、Roesler, C. (2013). Evidence for the effectiveness of Jungian psychotherapy: A review of empirical studies. *Behavioral Science*, 3, 562-575.

（15）ギーゲリッヒが述べるように、そうであるにもかかわらず、ユング自身は自然科学であるという形式にこだわり、その結果として、内容的には、自分の心理学に神話、すなわち無意識の神話というすでに過去のものになっていたものに形式を与えることができた。

（16）衣笠隆幸「パーソナリティ障害と発達障害――重ね着症候群の研究」松本雅彦・高岡健編『発達障害という記号』批評社、二〇〇八年、六〇頁。

（17）ヴォルフガング・ギーゲリッヒ（河合俊雄訳）「心理学の未来――その没落」『精神療法』第二六巻第一号、二〇〇〇年、三三―四〇頁。

（18）C・G・ユング（氏原寛・老松克博監訳）『ヴィジョン・セミナー1』創元社、二〇一一年、三七〇頁以下。

（19）ギーゲリッヒ前掲17。そこでは「心的なもの」は「a）精神的で、b）歴史的で、c）神学的で、d）無限である」と定義されている。

（20）Hacking, I. (1998). *Mad Travelers: Reflections on the Reality of Transient Mental Illnesses*. Charlottesville, VA: University Press of Virginia.

補章　心理療法家に求められるもの――カフカの『掟の門』をめぐって(1)

1　心理療法家の資格

博士号を取得した時、指導教員に「学位は足の裏についた飯粒」(＝「とっても食えない、つまり生活の糧を稼げない」) と言われたのをよく憶えているが、同じことが、心理療法家の資格についても言えるように思う。

臨床心理士であれ分析家であれ、心理療法家の資格はすべからく、そのように、ある専門性を身につけるための「門口」にその個人がようやく立つことを許されたということ以上の何も保証しない。さらに言えば、このような外側から付与された資格によっては本当には保証されえないのが、心理療法家の専門性であるとも言えるだろう。昨今の心理療法家の訓練をめぐる状況や分析家資格の価値づけが終章に述べたようなものであろうと、このことには変わりはない。

自戒を込めて言うことだが、心理療法家の「力量」というのは、いったんは身についたと実感できたとしても、日々の研鑽を怠れば、そして日々の臨床を大切にしなければ、あっという間に、そしていとも簡単にわが身から剥がれ落ちていくものである。そこには、そんなシシュポスの仕事[2]という本性も含まれていることをわれわれはよく知る必要がある。

このような心理療法家の専門性とはどのようなものなのであり、どのような訓練によって身につけていくものなのだろうか。

2　門口で立ち尽くすこと

本章では、ドイツの著名な小説家フランツ・カフカ（Kafka, F.）の短編小説『掟の門[3]』をテキストとして取り上げ、心理療法家の専門性と訓練について論じていきたい。その小説は、以下のような件から始まる。

掟の門前に門番が立っていた。そこへ田舎から一人の男がやって来て、入れてくれ、と言った。今はだめだ、と門番は言った。男は思案した。今はだめだとしても、あとでならいいのか、とたずねた。

「たぶんな、とにかく今はだめだ」

と、門番は答えた。

この田舎から出てきた男は、万人に「掟の門」は開かれており、まさか自分がその門をくぐることを許されないとは思ってもいなかったのだろう。しかし、実際にはそこまで来てみると、門番がいて中には入れてもらえない。

ここに描かれていることは、「こころの専門家」を志す者の場合にもよく当てはまるように思える。つまり、「自分にもこころがある」、もっと言えば、「自分もこころの問題で悩んだことがある」「自分は親身になってこころの問題で悩む友人の相談に乗ったことがある」「自分の身内にこころの問題で苦しんでいる者がいる」、そのような自分は「こころの専門家」となるにふさわしい、すなわち、その「門」をくぐることができるはずだと考えるのである。

しかしながら、答えは「ノー」である。そのような日常的な意識や自らの古い同一性をもち込んでは、本当の意味での心理療法家としての仕事はできない。心理療法は、クライエントが自身のこころの問題の解決に向かって歩む道のりに同伴することであるが、このような作業は、自分が日常生活のなかで経験した（自分の、あるいは身近な他者の）〝こころの問題〟の連続線上で、クライエントの抱えるこころの問題を理解しようとしていては決してなしえない。換言すれば、その問題や悩みはあくまでも、そのクライエントに固有のものであるという認識からスタートしなければならないのであり、そのためには、それまでの自らの個人的体験をいったん括弧に入れる必要があるのだ。

このことは、他の近接専門領域から出て、心理療法家になることを志す者にも言える。職種としては、医師や看護師、教師等がそれに当たると思われるが、彼らが本当に心理療法家になれるか否かは、自身のそれまでの医師としての、看護師としての、あるいは教師としての経験を捨てられるかどうかにかかっている。つまり、それらの経験は、心理療法を行うに際しては、邪魔になりこそすれ、決して助けにはならないことを自覚する必要があるのだ。逆説的な言い方になるが、そのように自覚した時に初めて、以前の他職種としての自身の経験は、心理療法家を志す者としての現在の自身に意味あるものとして還って来る。

このように、心理療法家としてのわれわれの専門性は、クライエントが自分自身のこころの問題の解決に向かって歩む道のりに同伴することであり、そこでは、自らの個人的体験をいったん括弧に入れ、自らの日常的な意識や古い同一性を後にすることが求められる（この最後の部分については、後にまた詳述する）。

われわれの積むべき訓練とは、そのような専門性を内側から身にまとうためのものでなくてはならないのだが、皮肉なことに、終章でもふれたような心理療法家となるために整備された教育や訓練は、それを形式化、あるいは行動化してしまっているという側面も否めない。また、わが国においては、臨床心理士資格の創設によって、心理療法という仕事は、いわゆる日の当たる「表の仕事」になったわけだが、われわれは、「こころの問題」というその個人の闇の部分や暗い側面にかかわらざるをえないこの仕事が、決して日の当たらない、あるいは当たってはいけない「裏の仕事」という本性をもっていることも忘れてはならないのだろう。

3　内面化された基準にふれること

至極当たり前の話だが、たとえ自身が心から望んだとしても、万人がプロの野球選手やサッカー選手になれるわけではないし、プロの画家や音楽家になれるわけでもない。このことは、ここに述べている心理療法家の場合も同様なのだが、その判断基準という点で言えば、今挙げたような専門職とはかなり事情が異なっている。

これまでに述べてきたことと矛盾するようだが、可能性は万人に開かれており、そのことは、われわれがテキストとしている小説の次の件によく示されているように思える。

掟の門はいつもどおり開いたままだった。門番が脇へよったので男は中をのぞきこんだ。これをみて門番は笑った。

「そんなに入りたいのなら、おれにかまわず入るがいい。しかし言っとくが、おれはこのとおりの力持ちだ。それでもほんの下っぱで、中に入ると部屋ごとに一人ずつ、順ぐりにすごいのがいる。このおれにしても三番目の番人をみただけで、すくみあがってしまうほどだ」

門はつねに開いていて、なかをのぞき込むことができる。門番は、先に待ち構える困難さや危険に言及しつつも、「おれにかまわず入るがいい」とさえ言う。

ここに示されているように、心理療法家を志したい者は誰でもそれを志すことができる。その意味で、そこには本来、外的な基準など存在しない。試されているのは、自らの覚悟や決意である。「あなたは向いていないから、やめた方がいい」とは誰も言ってくれない。つまり、そこには、実体としての「門番」などいないのである。

大学院に進学するかどうか迷っている臨床心理学を専攻している学部生に「私は心理臨床の仕事に向いているでしょうか」と尋ねられることがある。「やりたいと思えばやればいいし、やめておこうと思うのならやめればいい」。おそらくこれがこの問いかけに対する唯一の答えだろう。その個人が心理療法家を志すか否かはその人にしか決められない。ギーゲリッヒ（Giegerich, W.）が、われわれが今テキストとしている『掟の門』の同じ冒頭部にふれ、「誰が心理学を語るのか」についで述べているように、「原則において、皆等しく、ふさわしい人間であり、ふさわしくない人間である。このふさわしさとふさわしくなさとを分ける線は、すべての個人に引かれている」(4)のだ。

先のことはともかく、たとえ恐ろしい試練が待ち構えているとしても、他ならぬ眼前にあるその門をくぐることを決意した者にしか、チャンスは与えられない。その意味で、後に控えている別の門番の恐ろしさを教えているのは、字義通りにテキストを読めば、もちろん門番の方だが、心理学的に見れば、それは男の側の不安の投影であるとも言えるだろう。つまり、心理療法家を志す者の側の不安がさまざまな困難や障壁をつくり出すのであって、それらは天然自然に存在しているわけではないのである。

繰り返しになるが、心理療法家を志す者にとって重要なのは、他ならぬ眼前のその門をくぐることだけである。それこそがその個人に課されたイニシエーションであり、そこでのわれわれはわが身をもって、自身が抱く不安を引き受けていく必要がある。

自分自身のこころの問題の解決を求めて来談したクライエントが行うこころの作業に同伴していると、それが決して、単なる問題の解決や症状の解消に向けられたものではないことが実感できる。つまり、そのような作業を通して、彼らは、特定の症状や問題によって代替するのではなく、自身が背負うべき苦悩を本当の意味で担うことができる「受苦的存在」へと変容していくのだ。

このようなクライエントのプロセスに同伴する心理療法家を志す者は、当然のことながら、自らがそのような「受苦的存在」となるべく、客観化された外的基準によってではなく、自らに内在化された基準にふれることで、そのような職業を選択する必然性に開かれなければならない。それが、節題にも掲げた「内面化された基準にふれること」である。

今述べたような意味で、われわれ心理療法家の仕事は決して、文字通りの意味での「対人援助職」ではない。そこでは、「困っている人を助けたい」「不幸な人の役に立ちたい」という自身が抱く人間として自然な感情さえも、反省していくことが求められているからだ。

4　眼前のものへのコミットメント

前節で心理療法家を志す者にとっての「眼前の他ならぬその門」をくぐる必要性について言及したが、このことは、心理療法において何がなされなければならないのかということとも深く関連している。

テキストは次のように続く。

こんなに厄介だとは思わなかった。掟の門は誰にもひらかれているはずだと男は思った。しかし、毛皮のマントを身につけた門番の、その大きな尖り鼻と、ひょろひょろはえた黒くて長い蒙古髭をみてみると、おとなしく待っている方がよさそうだった。門番が小さな腰掛けを貸してくれた。門の脇にすわっていてもいいという。男は腰を下ろして待ちつづけた。何年も待ちつづけた。その間、許しを得るためにあれこれ手をつくした。くどくど懇願して門番にうるさがられた。ときたまのことだが、門番が聞いてくれた。故郷のことやほかのことをたずねてくれた。とはいえ、お偉方がするような気のないやつで、おしまいにはいつも、まだだめだ、と言うのだった。

たずさえてきたいろいろな品を、男は門番につぎつぎと贈り物にした。そのつど門番は平然と受けとって、こう言った。

「おまえが気がすむようにもらっておく。何かしのこしたことがあるなどと思わないようにだな。しかし、ただそれだけのことだ」

永い歳月のあいだ、男はずっとこの門番を眺めてきた。

ほかの番人のことは忘れてしまった。

ここに描かれている「男」の様子の変遷は、ある見方をすれば、心理療法において何がなされていくのか、そして、そこでのわれわれの意識はどのように深まっていくのかをよく示しているように思われる。

ここでの「男」は、クライエントでありセラピストでもある。症状や問題の前になす術なく立ち尽くし、あれこれと手を尽くしても何の進展も見られない。心理療法において、われわれはこのような事態によく遭遇する。それだけに、テキストのなかでの門番の「おまえが気がすむようにもらっておく。何かしのこしたことがあるなどと思わないようにだな。しかし、ただそれだけのことだ」という言葉は強烈なインパクトをもってわれわれに迫って来る。

このように、「こころの問題」は、われわれ人間の浅知恵の入り込む隙間を与えない。その意味では、ここに描かれているように、心理療法においては、われわれが「問題」「症状」を片づけようとするのではなく、われわれの側の古い偏った考えや態度がそれらによって片づけられるのを「永い歳月のあいだ」待つことが求められる。だからこそ、先にも引用したように、ユング

(Jung, C. G.) は、「神経症は、神経症が自我の間違った態度を片づけた時にのみ、真に除去される。われわれが神経症を治すのではない。神経症がわれわれを治すのだ[5]」と述べたのだろう。

そして、今や「男」は他の門番のことを忘れてしまう。「男」にとっての門番は、この「門番」ただ一人である。ここに示されているのは、そのような意識の深まりであり、そのような「眼前のものへのコミットメント」こそが、心理療法においてセラピストがなすべきことなのだろう。その意味で、心理療法における「時制」もまた、「完了形」でなくてはならない。なぜなら、他の新しい何かに憧れを抱くことは、未来への逃避であり、そのことによって、意識は同じ古いレベルに水平的に留まることになるからだ[6]。

具体的に言えば、「自分の性格が嫌で嫌で仕方がない」「こんな自分を何とか変えたい」と訴える眼前のクライエントに対して、もしセラピストも同じように、「眼前にはいない今とは違う新しい彼、あるいは彼女」に思いを馳せるのだとしたら、それは、このクライエントの「現在」に対する否定や否認でしかありえない。そして、そのようなスタンスからは、新しい心理学的な認識は決して生まれない。その意味で、セラピストは、開かれた未来や可能性に対する希望には背を向け、第5章で述べた錬金術師たちのように、そこにすでに、すぐ「眼前のレトルト」のなかにあるものに一面的に注意を払う必要があるのだ。

このように、心理療法家のコミットメントは、「この〜（each-ness）」に対するものでなくてはならない。それは、「すなわち、手元にある、この問題、この症状、この状況、この夢、このイメージ、このテキスト、この現象のみにコミットする」[7]（傍点筆者）ことである。セラピストは、一つの現象が今手元にある限り、自らの周囲にある他のすべてのものに背を向け、たとえそれがいかに受け入れがたいものであろうと、目を背けたくなるものであろうと、その眼前にあるものに向き合う義務があるのだ。このようなセラピストの態度については、本書において幾度も強調してきた。

5　日常の意識を後にすること

このような「眼前のものへのコミットメント」は、それ自体としてわれわれセラピストの意識をさらに変えていく。

ひとりこの門番が掟の門の立ち入りを阻んでいると思えてならない。彼は身の不運を嘆いた。はじめの数年は、はげしく声を荒げて、のちにはぶつぶつとひとりごとのように呟きながら。そのうち、子どもっぽくなった。永らく門番をみつめてきたので、毛皮の襟にとまったノミにもすぐに気がつく。するとノミにまで、おねがいだ、この人の気持ちをどうにかしてくれ、などとたのんだりした。そのうち視力が弱ってきた。あたりが暗くなったのか、それとも目のせいなのかわからない。いまや暗闇のなかに燦然と、掟の戸口を通してきらめくものがみえる。いのちが尽きかけていた。

前節でも述べたように、男の意識は今や、この一人の門番だけに向けられていて、通常の在り方をもはや保てなくなる。「子どもっぽくなった」り、普段は気がつきようもない微細な変化を知覚したり、最後には、「視力」それ自体が弱ってきたり、という描写にはその様がよく示されている。

心理療法家はこのように、日常の意識を後にすることが求められる。心理療法においては、通常の経験的な考え方やものの見方を離れ、心理学的な視座から、出来事を捉え直さねばならないのだ。

例えば、両親の夫婦仲もよく、経済的にも恵まれていて、さらには、本人の成績もよく、友達関係も円滑であるような、一見すると何の問題もないように見える子どもが不登校になることもある。普通に考えれば、不登校になる理由はどこにも見当たらない。しかしながら、外から眺める限りは、問題がないように映る家庭に、思いもよらない大きな問題が潜んでいる場合もあるし、問題がないことが最大の問題であるような場合もある。また、戦争中は神経症を患う人の数が減ると言われるが、これは、「こころの問題」が孕むある重要な側面を見事に言い当てている。つまり、極端な言い方をすれば、何が問題であるか、あるいは、何を問題とするかは、その個人の主観のみが決定しうるのであり、その意味で、「こころの問題」を客観的に捉えることは難しいのである。

このような「こころの問題」にアプローチするに当たって、われわれセラピストは、時に「大人」ではなく「子ども」の視点から、時に形にはなりえないほんの微細な兆候から、ときに「一見する」のを止めてこころの目で、眼前にある事象の内側を見通さなければならない。それが心理療法家の専門性である。ギリシア神話の盲目の予言者テイレシアスがヘラの怒りによって視力を奪われたのと引き換えに、ゼウスによって未来を見通す力を与えられたように、従前もっていた「視力」を失うこと、すなわち、日常の意識を後にすることは、意識の新たな次元が開かれてゆくためには必要なことなのだろう。

　われわれのテキストの「いのちが尽きかけていた」という表現が示すのは、このような意識の新たな次元の開けであるように思える。しかしながら、ここには、ある危険性もあることを忘れてはならない。それは、終章でもふれたような心理療法家の「こころの問題」である。「日常の意識を後にすること」「いのちが尽きること」、これらが字義通りに生きられた時、心理療法家を待っているのは、自分自身の精神的な破綻であり、燃え尽きである。時には、「こころの専門家」であるはずのわれわれが、そのような状況のなかで自死する道を選ぶことさえある（むろん、これが「身体の病」として顕在化することもある）。その意味で、われわれセラピストは一人の人間として、「日常の意識を後にすること」「いのちが尽きること」をこころの仕事としてやり抜くことが求められる。しかし、こう言うのはたやすいが、これは決して簡単なことではなく、われわれは常にギリギリの線でその仕事に挑んでいると言っても過言ではない。

6 「個別性」に目覚めること

前節で「ギリギリの線」と表現したものは、われわれセラピストの外側に引かれたものではない。それはまさに、われわれの上に引かれたものであり、その意味で、われわれを内側から貫く「一線」でもある。

以下は、われわれがテキストとしてきた小説のエンディングである。

死のまぎわに、これまでのあらゆることが凝結して一つの問いとなった。からだの硬直がはじまっていた。もう起き上がれない。すっかりちぢんでしまった男の上に、大男の門番がかがみこんだ。

「欲の深いやつだ」

と、門番は言った。「まだ何が知りたいのだ」

「誰もが掟を求めているというのに——」

と、男は言った。

「この永い年月のあいだ、どうして私以外の誰ひとり、中に入れてくれといって来なかったのです？」

いのちの火が消えかけていた。うすれていく意識を呼びもどすかのように門番がどなった。

「ほかの誰ひとり、ここには入れない。この門は、おまえひとりのためのものだった。さあ、もうおれは行く。ここを閉めるぞ」

ここに至り、薄れゆく古い意識と今まさに立ち上がろうとする新しい意識の狭間で、凝縮した「一つの問い」が男の内側から沸き上がる。ここでは、その問いこそが、そして、それに貫かれる瞬間こそが、先に述べた「ギリギリの線」である。

われわれセラピストにとってのそのような「一線」とは何だろうか。それは、「個別性」の覚醒、あるいはそれへの気づきであるように思われる。

このことをわれわれのテキストはよく示している。男は、自分がこの門口で待ち続けている「永い年月のあいだ」、他の誰一人、この「掟の門」を訪れる者がいなかったことに気づく。「掟の門」は万人のものであるはずだと思い込んでいたのに、はたと気づいてみれば、ここにいるのは、そしてここに来たのは、自分一人だけであることに思い至るのだ。そして、そのような男の最後の問いかけに対して、「ほかの誰ひとり、ここには入れない。この門は、おまえひとりのためのものだった」と門番は応える。

このような「個別性」の覚醒やそれへの気づきは、これまで論じてきたことのさらなる深まりとして、以下のような意味で心理療法においてたいへん重要である。

第一に挙げられるのが、これまでにも述べてきた心理療法家を志す者のイニシエーションにおけるその重要性である。先にも引用したように、その「ふさわしさとふさわしくなさとを分ける線は、すべての個人に引かれている」。それは、外的な基準としての「一線」ではなく、個人に内在化された、すなわち、「心理学化」された「一線」である。つまり、そのイニシエーションをくぐり抜けられるか否かは、すべてその「個人」にかかっているのである。

第二は、心理療法のプロセスにおけるクライエントとセラピスト、双方の自覚としての「個別性」の重要性である。「こころ専門家」のもとを訪れる人のなかには、それまでの人生の道行きで様々な不遇を体験し、人間一般、ひいては世界全体に対する不信を抱くに至り、それでもそのような状況から何とか抜け出そうと藁をもすがる思いで来談する人が少なくない。そのような人の多くが心理療法開始当初、よく口にするのが、「なぜ自分だけが」という言葉であるように思う。そして、われわれセラピストの側も、そのような話を聴いていると、「このクライエントにはなぜこれほどまでに不幸なことばかり起きるのか」という思いに駆られる。しかし、「永い年月のあいだ」、その語りに耳を傾けていると、あれほど「なぜ自分だけが」とわが身の不幸を嘆いていたクライエントの語りのニュアンスが変わってくる。今や彼らは、そしてわれわれセラピストは、そこにある何かしらの必然にふれることができる。「なぜ自分だけが」と外側から付与された「運命」を被るだけの存在であったクライエントが、「自分だからこそ」とその必然性を悟り、自身の人生の「個別性」を自覚するようになる瞬間である。

そして、最後に問われるべきは、このような小説の結末は、われわれにとってイニシエーションの失敗を意味しているのか、ということであろう。おそらくそれはそうではあるまい。門口で立ち尽くし、内面化された基準にふれ、眼前のものにひたすらコミットし、日常の意識さえも後にし、「個別性」に目覚めること、これらすべてがこの男に、われわれ心理療法家に課されたイニシエーションである。そして、そこで達成されるべきは、天然自然の自己を保存したままの実体としての「越境」ではなく、そのような自己それ自体の「否定」であるはずである。その意味で、男の命が尽き、門番が門を閉めその場から立ち去ることは、新たな意識の次元への真の移行を、そのようなイニシエーションの究極の実現を徴していると言えるのだろう。

7　心理療法において「変わらぬもの」と「変わりゆくもの」

本章では、カフカの短編小説『掟の門』をテキストとして、「こころの専門家」の専門性と訓練について述べてきた。そこに描かれていた五つの契機は、そのままセラピストとしてのわれわれの意識の深まりのプロセスであるようにも思える。

なかでも、「個別性」の尊重は、「こころの専門家」に求められる態度について考える際にも極めて重要であろう。

まず、当然のことながら、われわれセラピストは、自らの担当する事例の「個別性」を尊重しなければならない。われわれが日々の心理療法において出会う事例には一つとして同じものはない。このことは、精神科領域でのセラピストの仕事について想像してもらえればわかりやすい。つまり、医学的な診断名として「神経症」「統合失調症」と言っても、訴えや症状が個々に違うのは当然のことだが、より細かいカテゴリー化（例えば、強迫神経症とか不安神経症とか、破瓜型の統合失調症とか妄想型の統合失調症とか）をしたところでそのことにはやはり変わりがない。

　そもそも、われわれが向き合っているのは、診断名をつけるとすると「神経症」のAさんであったり、「統合失調症」のBさんであったりするだけであって、「神経症」や「統合失調症」が一人で勝手に来院・来談するわけではない。われわれがそこで向き合っているのは、あくまでもそのような個人としてのAさんであり、Bさんである。生育歴、現症歴、家族構成、人格特性等々、個々人によってこれらの記述的側面が異なるのはもちろんのこと、そこから推し量られるその個人が背負う心理的課題は千差万別で、そのような「個別性」への配慮なくしては、心理療法という仕事は成立しない。

　また、今述べたことの当然の帰結であるとも思われるが、そのような心理療法の教育・訓練においてもまた、何よりも「個別性」が重視され、「事例検討」がその根幹と見なされる。そこでは、報告者が呈示した一つの事例を、一つの心理療法の経過を詳細に検討するわけだが、『掟の門』というテキストから読み解いてきたように、このような眼前の「一」への専心こそ、われわれが心理療法家として立つためには真に重要なのだ。

　心理療法の学問的基盤である臨床心理学は、個人の主観を重んずる「私」の心理学である。それは、「個別」から「普遍」へと到達しようとする学問であり、そこで中心となる方法論は、河合隼雄が幾度となく強調してきたように、個々の事例の経験における思考の深まりを研究として結実させる「事例研究」である。[8][9][10] このことは、この領域における理論と治療、研究と実践との不可分性をよく示していて、その両立しがたさは常に、われわれを悩ませ、同時にまた魅了する。今述べた意味でもやはり、その「ギリギリの線」に留まり続けること、さらには、それに内側から貫かれることが、われわれには何よりも求められているのだろう。

　本章で論じてきたような心理療法家の基本的態度は、改めて言うまでもないが、本書において述べられてきた変遷する「時代精神の病」と対峙する際にもわれわれのベースとなるものである。自らの対象によって改訂されていくという本性をもった心理療法は、そのような「変わらぬもの」と「変わりゆくもの」との切り分けを常に求められているとも言えるだろう。

（1）本章は以下の別稿に加筆修正を施したものである。田中康裕「臨床心理実践の専門家になるために必要なことは？——専門性と訓練」伊藤良子編『臨床心理学』ミネルヴァ書房、二〇〇九年、一八三—二〇〇頁。

（2）ギリシア神話の英雄の一人シシュポスは、冥界の王ハデスを騙して復活し、長生きしたが、死後はその罪によって巨大な石を永遠に山頂に運び上げ続ける罰を科された。

（3）フランツ・カフカ（池内紀訳）『カフカ短篇集』岩波書店、一九八七年、九—一二頁。

（４）Giegerich, W. (1998). *The Soul's Logical Life: Towards a Rigorous Notion of Psychology*. Frankfurt am Main: Peter Lang, p.6.
（５）CW 10, par.361.
（６）Giegerich, W. (2006). Closure and setting free or the bottled spirit of alchemy and psychology. *Spring*, 74, 54.
（７）*ibid.*, p.55.
（８）河合隼雄『宗教と科学の接点』岩波書店、一九八六年。
（９）河合隼雄『イメージの心理学』青土社、一九九一年。
（10）河合隼雄『臨床心理学ノート』金剛出版、二〇〇三年。

おわりに

「この間に書いてきたものを手直しして再構成したらこんな本ができそうです」と創元社の渡辺明美さんにメールをしたのは、今からもう五年も前のことである。年明けには入稿するとか大きなことを言いながら、多忙を言い訳にズルズルと引き延ばしていたところ、昨年の日本箱庭療法学会第三十回大会の際、本書の編集を担当してくれることになっていた柏原隆宏さんから「そろそろ是非」と引導を渡された。

ただ、こうして今振り返ってみると、第8章と第9章、そして終章を書くためには、この五年間は必要だったようにも思う。

チューリッヒでの分析家としての訓練を終えて帰国してから十六年が経つが、この間に書いてきたものの多くは、終章でもふれたように、「こころ」というものの立ち現れとしての「心的なもの」が、精神的で（純粋に外的な何かによって引き起こされるものではなく、一見するとそう見える場合にさえも、常に自分自身の内側に生命をもっている）、歴史的で（単にそれ自体として成立しているのではなく、自分自身の内側に歴史的な基盤を内包しており、その意味で「静的」ではなく常に「動的」である）、かつ無限の広がりやつながりをもつ（各々は現象として単一であり、全体として見れば、それは「多」数であるが、すべてが「こころ」という「一」つの無限の源から派生したものとして相互に関連している）、ということを前提としたものだった。

本書が、「前近代」「近代」「現代」といった時代性や歴史性を縦糸に編まれ、心理療法それ自体を、自らの内側に生命をもち、終焉に向かって自己展開するものとして、そして、「こころ」という源に由来する「心的なもの」として捉えようとするのはそのためである。その意味で、本書において目指されたのは、心理療法の〈心理療法〉である。

本書において取り上げられている「解離性障害」や「発達障害」も、単なる「医学的診断」名の類いではなく、「神経症」がそうであったように、そのような心理療法にとっての「対象」かつ「主体」であり、時代精神の在り方を端的に映し出す「カリカチュア」であると考えてもらいたい。「解離性障害」や「発達障害」を通して、あるいは、心理療法の場に個々のクライエントによってそのような「表現型」でもち込まれる問題を通して、この時代、この社会、この文化のなかで、「こころ」は何を表現しようとしているのか、それが筆者の主たる関心であった。

また、第3章においてユングが自らの戒めにしていたという「ここがロドス島だ。ここで跳べ」という言葉を引いたが、本文中でも触れたように、心理療法を西欧近代に生まれた主体確立のための一つのプロジェクトとして見るなら、「解離性障害」や「発達障害」によってカリカチュアライズされる「現代」という時代の日本において、心理療法は果たしてどのような意味をもつのか、そしてそれはどのようにすれば可能なのか、第Ⅲ部の三つの章は、そのことを確かめるものでもあったと言えるだろう。

このように、本書は、リフレクティブな自己意識が集合的には過去のものとなりつつある現代における「今日の心理療法の在り方」を論じることを一つの目的としていたわけだが、序章でも述べたように、それは決して他のどこかに新しい何かを見出そうとする試みではない。第Ⅱ部の三つの章で示したような、（ユング派）心理療法の本性には、筆者の論考が結論として至るものがすでに含まれていたからだ。終章で述べた、心理療法が『自分』というその狭い一点に立ち、そこから世界に広く深く入っていく」というのは、このような含意でもある。

心理療法の場において、クライエントの語り、症状、問題、夢、箱庭、描画等々を通して、われわれが「心的なもの」に出会う時、それが先に述べたような三つの本質をもつものであることを尊重しようとする態度は、心理療法が心理療法である限り、変わることはない。繰り返しになるが、心理療法はそれ自体そのような「心的なもの」でもあるからだ。

＊　＊　＊

改めて言うまでもなく、一つの著作として読めるものに仕上げたつもりではあるが、先述の通り、本書の多くは、この十六年余りに筆者が書いたものを手直しし再構成したものである。国内学会での研修会やワークショップ、日本ユング心理学研究所でのレクチュア、加えて国際学会での発表内容も含まれており、公刊されている著作物に関しては、可能な限り、文献として挙げるよう心がけたが、漏れがあるかもしれない。もしそのようなことがあったなら、ご容赦願いたい。

また、本書を上梓するに当たっては、本当に様々な方にお世話になった。

日々の臨床が本書の基盤であることは言うまでもないが、事例検討会、研修会、ワークショップ、グループ・スーパーヴィジョン、個人スーパーヴィジョン等を通じて、ケースを聴かせてもらうなかで、着想したことは数多い。ここに記して感謝したい。

さらに、今年は、京都大学大学院教育学研究科の「特別研究期間」という制度を利用させてもらい、本書を執筆するためにまとまった時間をとることができた。筆者のわがままを聞いてもらった臨床心理学教室の先生方に深く御礼申し上げる。

筆者は今ベルリンにいて、この「おわりに」を書いているが、ベルリンに住むユング派分析家のヴォルフガング・ギーゲリッヒ博士から、これまでに事例や論文に対してもらったコメントは、本書の血肉となっている。また、京都大学こころの未来研究センターの河合俊雄教授には、そのギーゲリッヒ博士に引き合わせてもらっただけでなく、臨床と研究双方の面で日頃から刺激をいただき、本書の執筆についても後押ししてもらった。お二人に心から感謝したい。

最後になったが、本書の企画を五年前に通してもらった創元社の渡辺明美さん、そして、長いこと書かないで待たせることになった上に、書けたら書けたで急いで刊行するために、色々と無理を聞いてもらった柏原隆宏さん、お二人にもここに深く感謝し、筆を置くことにする。

二〇一七年八月　晩夏のベルリンにて

田中康裕

文献

American Psychiatric Association. (1980). *Diagnostic and Statistical Manual of Mental Disorders, Third Edition.* Washington DC: American Psychiatric Association.

American Psychiatric Association. (1994). *Diagnostic and Statistical Manual of Mental Disorders, Fourth Edition.* Washington DC: American Psychiatric Association.

青木省三「総論　成人期の発達障害について考える」青木省三・村上伸治編『成人期の広汎性発達障害』中山書店、二〇一一年、二―一六頁

青木省三・村上伸治編『大人の発達障害を診るということ――診断や対応に迷う症例から考える』医学書院、二〇一五年

Asperger, H. (1974). Frühkindlicher Autismus. *Medizinische Klinik,* 69, 2024-2027.

Bosnak, R. (1997). *Christopher's Dreams: Dreaming and Living with AIDS.* New York: Bantam Dell Publishing Group.（岸本寛史訳『クリストファーの夢――生と死を見つめたＨＩＶ者の夢分析』創元社、二〇〇三年）

Bosnak, R. (2007). *Embodiment: Creative Imagination in Medicine, Art and Travel.* London: Routledge.（濱田華子監訳『Ｒ・ボスナックの体現的ドリームワーク――心と体をつなぐ夢イメージ』創元社、二〇一一年）

ルイス・キャロル（高杉一郎訳）『ふしぎの国のアリス』講談社、一九八三年

フィリップ・Ｋ・ディック（浅倉久志訳）『ユービック』早川書房、一九七八年

土居健郎『方法としての面接――臨床家のために』医学書院、一九七七年

Eliade, M. (1968). *Shamanism: Archaic Techniques of Ecstasy.* Princeton: Princeton University Press, 1972.

Ellenberger, H. (1970). *The Discovery of the Unconscious: The History and Evolution of Dynamic Psychiatry*. London: Fontana Press, 1994.（木村敏・中井久夫監訳『無意識の発見（上）（下）――力動精神医学発達史』弘文堂、一九八〇年）

Foelsch, P.A. & Kernberg, O.F. (1998). Transference-Focused Psychotherapy for borderline personality disorders. *Psychotherapy in Practice*, 4(2), 67-90.

Freud, S. (1953-74). *Standard Edition of the Complete Psychological Works of Sigmund Freud*. London: Hogarth Press and the Institute of Psycho-Analysis.

ジークムント・フロイト（新宮一成監修）『夢解釈Ⅱ（フロイト全集第5巻）』岩波書店、二〇一一年

Frith, U. (1989). *Autism: Explaining the Enigma*. Oxford: Basil Blackwell.（冨田真紀・清水康夫訳『自閉症の謎を解き明かす』東京書籍、一九九一年）

Gardiner, M. Ed. (1971). *The Wolf-Man by The Wolf-Man: The Double Story of Freud's Most Famous Case*. New York: Basic Books.（馬場謙一訳『狼男による狼男――フロイトの「最も有名な症例」による回想』みすず書房、二〇一四年）

Giegerich, W. (1981). Die Rettung des Kindes oder die Entwendung der Zeit: Ein Beitrag Zur Frage nach dem Sinn. *GORGO 5/1981*, 9-32.（河合俊雄訳「子どもの救助あるいは時間の横領――意味への問いについて」『思想』一九八七年九月号、三〇―五五頁）

Giegerich, W. (1985). Das Bergraebnis der Seele in die technische Zivilisation. *Eranos 52-1983*, 211-276. (The burial of the soul in technological civilization. In *Technology and the Soul*. New Orleans: Spring Journal Publication, 2007, pp.155-211.)

Giegerich, W. (1994). *Animus-Psychologie*. Frankfurt am Main: Peter Lang.

Giegerich, W. (1996). The opposition of "individual" and "collective" : Psychology's basic fault. *Harvest*, 42, 7-27.

Giegerich, W. (1998). *The Soul's Logical Life: Towards a Rigorous Notion of Psychology*. Frankfurt am Main: Peter Lang.

Giegerich, W. (1999). Martin Luthers "Anfechtungen" und die Er-Findung der Neurose.（河合俊雄監訳「マルティン・ルターの

『試練』と神経症の発明」『ギーゲリッヒ論集3　神話と意識』日本評論社、二〇〇一年、一三二―二四三頁)

Giegerich, W. (1999). The "Patriarchal Neglect of the Feminine Principle": A psychological fallacy in Jungian theory. *Harvest*, 45, 7-30.

ヴォルフガング・ギーゲリッヒ（河合俊雄訳）「心理学の未来――その没落」『精神療法』第二六巻第一号、二〇〇〇年、三三―四〇頁

Giegerich, W. (2004). The end of meaning and the birth of man. *Journal of Jungian Theory and Practice*, 6 (1), 1-65.

Giegerich, W. (2005). *Dialectics and Analytical Psychology*. New Orleans: Spring Journal Books.

Giegerich, W. (2006). Closure and setting free or the bottled spirit of alchemy and psychology. *Spring*, 74, 31-62.

Giegerich, W. (2009). "Irrelevantification" or: On the death of nature, the construction of "the archetype," and the birth of man. In *Collected English Papers of Wolfgang Giegerich, Vol. 4*. New Orleans: Spring Journal Books, pp.387-442.

Giegerich, W. (2013). *Neurosis: The Logic of a Metaphysical Illness*. New Orleans: Spring Journal Books.

マイケル・グラント他（木宮直人他訳）『ギリシア・ローマ神話事典』大修館書店、一九八八年

ユルゲン・ハーバーマス（三島憲一編訳）『近代　未完のプロジェクト』岩波書店、二〇〇〇年

Hacking, I. (1995). *Rewriting the Soul: Multiple Personality and the Sciences of Memory*. Princeton: Princeton University Press.

Hacking, I. (1998). *Mad Travelers: Reflections on the Reality of Transient Mental Illnesses*. Charlottesville, VA: University Press of Virginia.

長谷川千紘他「半構造化面接からみた甲状腺疾患患者の心理的特徴」『日本心療内科学雑誌』第一九巻第四号、二〇一五年、二三七―二四四頁

Hegel, G.W.F. (1807). *Phenomenology of Spirit* (Translated by A.V. Miller). London: Oxford University Press, 1979.

Hillman, J. (1975). *Re-Visioning Psychology*. New York: Harper & Row.

Hillman, J. (1979). *The Dream and the Underworld*. New York: Harper & Row.

Hillman, J. (1982). Anima Mundi. *Spring*, 42, 71-93.

Hillman, J. (1983). *Healing Fiction*. Dallas: Spring Publication, 1994.

Hillman, J. (1985). *Archetypal Psychology*. Dallas: Spring Publication.（河合俊雄訳『元型的心理学』青土社、一九九三年）

Hillman, J. (1989). From mirror to window: Curing psychoanalysis of its narcissism. *Spring*, 49, 62-75.

広沢正孝『こころの構造からみた精神病理——広汎性発達障害と統合失調症をめぐって』岩崎学術出版社、二〇一三年

広沢正孝『学生相談からみた「こころの構造」——〈格子型／放射型人間〉と21世紀の精神病理』岩崎学術出版社、二〇一五年

乾吉佑「スーパーヴィジョンの現況と問題点——心理臨床家にとってのスーパーヴィジョン（第5回大会シンポジウム）」『心理臨床学研究』第四巻第二号、一九八七年、七九—九六頁

岩宮恵子『フツーの子の思春期——心理療法の現場から』岩波書店、二〇〇九年

カール・ヤスパース（内村祐之他訳）『精神病理学総論（上巻）』岩波書店、一九五三年

Jonas, H. (1964). *The Gnostic Religion: The Message of the Alien God and the Beginnings of Christianity*. Boston: Beacon Press.

Jung, C.G. (1953-79). *The Collected Works of C. G. Jung*. Princeton: Princeton University Press.

Jung, C.G. (1963). *Memories, Dreams, Reflections*. London: Fontana Press, 1995.

Jung, C.G. (1968). Approaching the unconscious. In *Man and His Symbols*. New York: Laurel.

C・G・ユング（松代洋一他訳）『自我と無意識』第三文明社、一九九五年

Jung, C.G. (2009). *The Red Book*. New York: Norton.（河合俊雄監訳『赤の書』創元社、二〇一〇年）

C・G・ユング（氏原寛・老松克博監訳）『ヴィジョン・セミナー1・2』創元社、二〇一一年

フランツ・カフカ（池内紀訳）『カフカ短篇集』岩波書店、一九八七年

Kanner, L. (1943). Autistic disturbances of affective contact. *Nervous Child*, 2, 217-250.（十亀史郎他訳「情動的交流の自閉的障害」

『幼児自閉症の研究』黎明書房、二〇〇一年、一〇―五五頁)
笠原嘉『青年期――精神病理学から』中央公論新社、一九七七年
河合隼雄「心理療法におけるイニシエーションの意義」『心理療法論考』新曜社、一九八六年(初出一九七五年)、五三―六三頁
河合隼雄『宗教と科学の接点』岩波書店、一九八六年
河合隼雄『生と死の接点』岩波書店、一九八九年
河合隼雄『イメージの心理学』青土社、一九九一年
河合隼雄『心理療法序説』岩波書店、一九九二年
河合隼雄『臨床心理学ノート』金剛出版、二〇〇三年
河合俊雄『ユング――魂の現実性』講談社、一九九八年
河合俊雄「内分泌専門病院における心理療法と研究――症状から人へ」河合俊雄編『こころにおける身体　身体におけるこころ』日本評論社、二〇〇八年、九九―一二一頁
Kawai, T. (2009). Union and separation in the therapy of pervasive developmental disorders and ADHD. *Journal of Analytical Psychology*, 54, 659-675.
河合俊雄「家族関係の希薄化と密着化」河合俊雄・田中康裕編『大人の発達障害の見立てと心理療法』創元社、二〇一三年、一八六―一九三頁
Kernberg, O.F. (1967). Borderline personality organization. *Journal of the American Psychoanalytic Association*, 15, 641-685.
Kernberg, O.F. (1975). *Borderline Conditions and Pathological Narcissism*. New York: Jason Aronson, 1985.
木村敏『時間と自己』中央公論新社、一九八二年
衣笠隆幸「境界性パーソナリティ障害と発達障害――重ね着症候群について」『精神科治療学』第一九巻第六号、

二〇〇四年、六九三―六九九頁
衣笠隆幸「重ね着症候群と軽度発達障害」石川元編『スペクトラムとしての軽度発達障害Ⅰ（現代のエスプリ四七四）』至文堂、二〇〇七年、六二―六九頁
衣笠隆幸「パーソナリティ障害と発達障害――重ね着症候群の研究」松本雅彦・高岡健編『発達障害という記号』批評社、二〇〇八年、五七―七二頁
Klin, A. et al. (2000). Assessment issue in children and adolescents with Asperger syndrome. In A. Klin et al. Eds., *Asperger Syndrome*. New York: Guilford Press, pp.309-399.（山崎晃資監訳「アスペルガー症候群の子どもおよび青年の評価をめぐる問題」『総説アスペルガー症候群』明石書店、二〇〇八年、四一六―四五六頁）
アントン・フリードリッヒ・コッホ（赤石憲昭訳）「『精神現象学』から見た現実世界」『ヘーゲル哲学研究』第一三号、二〇〇七年、五八―七一頁
Kohut, H. (1971). *The Analysis of the Self: A Systematic Approach to the Psychoanalytic Treatment of Narcissistic Personality Disorders*. Boston: International Universities Press.
Lash, J. (1993). *Twins and the Double*. London: Thames and Hudson.
ピエール・レヴィ（米山優訳）『ヴァーチャルとは何か？――デジタル時代におけるリアリティ』昭和堂、二〇〇六年
Lutz, J. (1968). Zum Verstaendnis Des Autismus Infantum Als Einer Ich-Bewusstseins-, Ich-Aktivitaets- Und Ich-Einpraegungsstoerung. *Acta Paedopsychiatrica*, 35, 161-177.
Lyons, V. & Fitzgerald, M. (2013). Atypical sense of self in autism spectrum disorders: A neuro-cognitive perspective. In M. Fitzgerald Ed., *Recent Advances in Autism Spectrum Disorders- Volume I*. InTech. http://dx.doi.org/10.5772/53680
Masterson, J.F. (1981). *The Narcissistic and Borderline Disorders: An Integrated Developmental Approach*. London: Brunner-Routledge.

Mindell, A. (1995). *Sitting in the Fire: Large Group Transformation Using Conflict and Diversity*. Chicago: Lao Tse Press.（青木聡訳『紛争の心理学――融合の炎のワーク』講談社、二〇〇一年）

森山公夫（聞き手＝高岡健）「解離論の新構築」『精神医療』第四二号、二〇〇六年、八―二九頁

中井久夫「枠づけ法覚書」『芸術療法』第五巻、一九七四年、一五―一九頁

中井久夫『西欧精神医学背景史』みすず書房、一九九九年

野間俊一『身体の時間――〈今〉を生きるための精神病理学』筑摩書房、二〇一二年

Obholzer, K. (1980). *Gepäche mit dem Wolfsmann: Eine Psychoanalyse und die Folgen*. Reinbek: Rowohlt Verlage.（馬場謙一他訳『W氏との対話――フロイトの一患者の生涯』みすず書房、二〇〇一年）

小川捷之「いわゆる対人恐怖症者における『悩み』の構造に関する研究」『横浜国立大学教育紀要』第一四巻、一九七四年、一―三三頁

大隅典子『脳からみた自閉症――「障害」と「個性」のあいだ』講談社、二〇一六年

大山泰宏他「臨床心理士の動向ならびに意識調査から見えてくること（その2）」『日本臨床心理士会雑誌』第六八号、二〇一一年、四六―五〇頁

Ozonoff, S. & Griffith, E.M. (2000). Neuropsychological function and the external validity of Asperger syndrome. In A. Klin et al. Eds, *Asperger Syndrome*. New York: Guilford Press, pp.72-96.（山崎晃資監訳「アスペルガー症候群の神経心理学的機能と外的妥当性」『総説アスペルガー症候群』明石書店、二〇〇八年、一〇七―一四一頁）

Prince, M. (1906). *The Dissociation of a Personality: A Biographical Study in Abnormal Psychology*. Whitefish, MT: Kessinger Publishing, 2007.

Progoff, I. (1973). *Jung, Synchronicity and Human Destiny: Noncausal Dimensions of Human Experience*. New York: Julian Press.（河合隼雄・河合幹雄訳『ユングと共時性』創元社、一九八七年）

Putnam, F.W. (1989). *Diagnosis and Treatment of Multiple Personality Disorder*. New York: Guilford Publications.

Putnam, F.W. (1997). *Dissociation in Children and Adolescents: A Developmental Perspective*. New York: Guilford Publications.
Roesler, C. (2013). Evidence for the effectiveness of Jungian psychotherapy: A review of empirical studies. *Behavioral Science*, 3, 562-575.
Rycroft, C. (1985). *Psychoanalysis and Beyond*. Chicago: University of Chicago Press.
榊原洋一『脳科学と発達障害――ここまでわかったそのメカニズム』中央法規、二〇〇七年
Schreiber, F.R. (1973). *Sybil*. London: Penguin Books, 1974.
Shamdasani, S. (1998). *Cult Fictions: C. G. Jung and Founding of Analytical Psychology*. London: Routledge.
Shamdasani, S. (2003). *Jung and the Making of Modern Psychology: The Dream of a Science*. Cambridge: Cambridge University Press.
Shamdasani, S. (2009). Liber Novus: The "Red Book" of C. G. Jung. In C.G. Jung, *The Red Book*. New York: Norton, pp.195-221.（田中康裕訳「序論」C・G・ユング（河合俊雄監訳）『赤の書』創元社、二〇一〇年、一九五―二三〇頁）
Stern, D. (1985). *The Interpersonal World of the Infant: A View from Psychoanalysis and Developmental Psychology*. New York: Basic Books.（小此木啓吾他訳『乳児の対人世界』岩崎学術出版社、一九八九年）
Storr, A. (1989). *Freud*. Oxford: Oxford University Press, 2001.
杉山登志郎「高機能広汎性発達障害の精神病理」『精神科治療学』第二三巻、二〇〇八年、一八三―一九〇頁
鈴木謙介『ウェブ社会の思想――〝遍在する私〟をどう生きるか』日本放送出版協会、二〇〇七年
高岡健『自閉症論の原点――定型発達者との分断線を超える』雲母書房、二〇〇七年
田中康裕「分析心理学における錬金術のイメージと論理」河合隼雄編『心理療法とイメージ』岩波書店、二〇〇〇年、一二三―一六五頁
田中康裕『魂のロジック――ユング心理学の神経症とその概念構成をめぐって』日本評論社、二〇〇一年
田中康裕「参入と分割――イニシエーションの新しい在り方とそこでの垂直方向の『渡渉』について」『大正大学カウンセリング研究所紀要』第二五号、二〇〇二年、五六―六七頁

田中康裕「夢は自らの解釈である」『臨床心理学』第二巻第四号、二〇〇二年、五五五―五六〇頁

田中康裕「ユング」酒井明夫編『こころの科学の誕生』日本評論社、二〇〇三年、一七七―一九三頁

田中康裕「意味の病――心理学的差異について」『精神療法』第三〇巻第四号、二〇〇四年、三七七―三八六頁

田中康裕「心理療法は終結を目指しているのか？」『臨床心理事例研究』（京都大学大学院教育学研究科心理教育相談室紀要）第三三号、二〇〇七年、二二一―二二四頁

田中康裕「神経症圏を中心に」桑原知子編『臨床心理学』朝倉書店、二〇〇七年、六〇―六八頁

田中康裕「ユングの『ファルスの夢』――そのイメージ体験と思惟」藤原勝紀・皆藤章・田中康裕編『心理臨床における臨床イメージ体験』創元社、二〇〇八年、六九―八〇頁

田中康裕「臨床心理実践の専門家になるために必要なことは？――専門性と訓練」伊藤良子編『臨床心理学』ミネルヴァ書房、二〇〇九年、一八三―二〇〇頁

田中康裕「成人の発達障害の心理療法」伊藤良子・角野善宏・大山泰宏編『「発達障害」と心理臨床』創元社、二〇〇九年、一八四―二〇〇頁

Tanaka, Y. (2009). On dissociation as a psychological phenomenon. *Psychologia* 2008, 51(4), 239-257.

田中康裕「近代的意識の本質――ユングの『影入道の夢』の分析を通して」矢野智司・桑原知子編『臨床の知――臨床心理学と教育人間学からの問い』創元社、二〇一〇年、七五―九五頁

田中康裕「大人の発達障害への心理療法的アプローチ――発達障害は張り子の羊の夢を見るか？」河合俊雄編『発達障害への心理療法的アプローチ』創元社、二〇一〇年、八〇―一〇四頁

田中康裕「発達障害と現代の心理療法――『自己の無効化』による『治療《セラピー》ではない治療《セラピー》』としての自己展開」河合俊雄編『発達障害への心理療法的アプローチ』創元社、二〇一〇年、一八〇―二〇三頁

田中康裕「『見立て』と『心理学的診断』――〈現在〉の瞬間全体としての『出会い』」『臨床心理事例研究』（京都大

学大学院教育学研究科心理教育相談室紀要）第三七号、二〇一一年、二一一―二二三頁
田中康裕「スーパーヴィジョンはなぜ必要なのか」『臨床心理事例研究』（京都大学大学院教育学研究科心理教育相談室紀要）第三九号、二〇一三年、二四―二七頁
田中康裕「未だ生まれざる者への心理療法――大人の発達障害における症状とイメージ」河合俊雄・田中康裕編『大人の発達障害の見立てと心理療法』創元社、二〇一三年、二一―四一頁
田中康裕「現代におけるユビキタスな自己意識――サイコロジカル・インフラの消失と発達障害」河合俊雄・田中康裕編『大人の発達障害の見立てと心理療法』創元社、二〇一三年、二〇二―二一七頁
田中康裕「今日のユング派心理療法の在り方」『精神療法』第四〇巻第一号、二〇一四年、三三―三七頁
田中康裕「石巻における震災支援活動のまとめ」『箱庭療法学研究』第二六巻特別号（震災後のこころのケア）、二〇一四年、一一三―一一七頁
田中康裕「ユング派心理療法とは」岡昌之・妙木浩之・生田倫子編『心理療法の交差点2――短期力動療法・ユング派心理療法・スキーマ療法・ブリーフセラピー』新曜社、二〇一六年、一九―三七頁
田中康裕「日本のユング派心理療法における資格と訓練の実際」『臨床ユング心理学研究』第二巻第一号、二〇一六年、七九―八四頁
田中康裕「発達障害の広がりとその心理療法――『グレイゾーン』の細やかな識別と『発達の非定型化』という視点」河合俊雄・田中康裕編『発達の非定型化と心理療法』創元社、二〇一六年、一二二―一四三頁
丹野義彦『エビデンス臨床心理学――認知行動理論の最前線』日本評論社、二〇〇一年
十一元三「広汎性発達障害を持つ少年の鑑別・鑑定と司法処遇――精神科疾病概念の歴史的概観と現状の問題点を踏まえ」『児童青年精神医学とその近接領域』第四五巻、二〇〇四年、二三六―二四五頁
Turner, V.W. (1969). *The Ritual Process: Structure and Anti-Structure*. Chicago: Aldine Publishing.（冨倉光雄訳『儀礼の過程』思索社、

一九七六年）

内海健「精神の病が映す『こころのゆくえ』——統合失調症と自閉症」大澤真幸編『宗教とこころの新時代』岩波書店、二〇一六年、一六九—一七〇頁

内海健『自閉症スペクトラムの精神病理——星をつぐ人たちのために』医学書院、二〇一六年

van Hasselt, V.B. & Hersen, M. (1996). *Sourcebook of Psychological Treatment Manuals for Adult Disorder*. New York: Plenum Press.（坂野雄二他編訳『エビデンスベイスト心理治療マニュアル』日本評論社、二〇〇〇年）

von Franz, M-L. (1993). *Psychotherapy*. Boston: Shambhala Publications.

Walrond-Skinner, S. (1986). *Dictionary of Psychotherapy*. London: Routledge & Kegan Paul.

Weiser, M. (1991). The computer for the 21st century. *Scientific American*, 265 (3), 94-104. http://www.ubiq.com/hypertext/weiser/SciAmDraft3.html

ＷＨＯ（融道男他訳）『ＩＣＤ—10　精神および行動の障害——臨床記述と診断ガイドライン』医学書院、一九九三年

ローナ・ウィング（久保紘章他訳）『自閉症スペクトル——親と専門家のためのガイドブック』東京書籍、一九九八年

人名索引

事項索引

[さ行]

[わ行]

[著者紹介]

田中康裕（たなか・やすひろ）

1963年生まれ。上智大学大学院文学研究科博士後期課程単位取得満期退学。博士（心理学）、ユング派分析家、臨床心理士。現在、京都大学大学院教育学研究科准教授。専攻は臨床心理学。主な著書に『魂のロジック』（日本評論社）、『大人の発達障害の見立てと心理療法』（創元社、共編著）、『発達の非定型化と心理療法』（創元社、共編著）、『発達障害への心理療法的アプローチ』（創元社、共著）、『「発達障害」と心理臨床』（創元社、共著）、『心理療法の交差点2』（新曜社、共著）などがある。

心《しん》理《り》療《りょう》法《ほう》の未《み》来《らい》
その自《じ》己《こ》展開《てんかい》と終焉《しゅうえん》について
二〇一七年一〇月一〇日　第一版第一刷発行

〈著　者〉田中康裕
〈発行者〉矢部敬一
〈発行所〉株式会社 創元社
本　社　〒五四一-〇〇四七 大阪市中央区淡路町四-三-六
電　話　〇六-六二三一-九〇一〇(代)
ＦＡＸ　〇六-六二三三-三一一一(代)
東京支店　〒一六二-〇八二五 東京都新宿区神楽坂四-三 煉瓦塔ビル
電　話　〇三-三二六九-一〇五一
http://www.sogensha.co.jp/
〈印刷所〉亜細亜印刷 株式会社
装丁・本文デザイン　長井究衡

ISBN978-4-422-11670-9 C1011
〈検印廃止〉